北洋经管系列丛书

科技型中小企业担保融资案例分析

熊 熊 邹高峰 张小涛 著

本书是国家科技支撑计划项目课题“投融资担保服务系统研发与建设（课题编号：2012BAH31F04）”的研究成果之一

科 学 出 版 社
北 京

内 容 简 介

科技型中小企业是技术创新及科技成果转化的重要力量，但发展过程中往往面临着融资困难的问题，引入第三方担保机构是解决中小企业资金困境的重要途径之一。本书将一些有代表性的中小企业担保案例按照不同的担保模式归类，其分别是固定资产抵押模式、流动资产抵押模式、股权质押模式、无形资产质押模式以及“信托＋担保”模式等，并对这些模式进行分析总结。本书的特点是条理清晰、案例翔实、逻辑性强、简洁易懂，理论联系实际，受众群体广泛。

本书可供对中小企业融资担保感兴趣的人群，包括中小企业、担保机构以及金融机构中从事中小企业贷款的人员阅读，也可作为大专院校中从事中小企业融资研究的师生的参考书。

图书在版编目（CIP）数据

科技型中小企业担保融资案例分析/熊熊，邹高峰，张小涛著．—北京：科学出版社，2015

（北洋经管系列丛书）

ISBN 978-7-03-045899-5

Ⅰ．科… Ⅱ．①熊…②邹…③张… Ⅲ．①高技术企业-中小企业-贷款担保-案例-中国 Ⅳ．①F832.4

中国版本图书馆 CIP 数据核字（2015）第 236232 号

责任编辑：马 跃 / 责任校对：冯红彩
责任印制：霍 兵 / 封面设计：无极书装

科学出版社 出版
北京东黄城根北街 16 号
邮政编码：100717
http://www.sciencep.com

北京凌奇印刷有限责任公司 印刷
科学出版社发行 各地新华书店经销

*

2016 年 3 月第 一 版 开本：720×1000 1/16
2016 年 3 月第一次印刷 印张：11
字数：221 000

POD定价： 80.00元
（如有印装质量问题，我社负责调换）

丛书编委会

“北洋经管系列丛书”序言

天津大学的管理与经济教育可以追溯至20世纪40年代初国立北洋大学时期的“工业管理系”的建立。自1978年恢复设立管理学科以来，天津大学管理与经济学部（前身为天津大学管理学院）在以刘豹先生为代表的老一代管理学家的带领下，努力创新中国管理学科的研究和教育，在中国管理学科的发展历程中留下了自己的足迹。目前，我们顺应时代发展时势，将管理科学与工程学科、工商管理学科、公共管理学科、应用经济学及系统工程等学科融合组成了大型经管交叉学科群，并立足于天津大学雄厚的理工学科和新兴的人文学科之上，重塑了我们对人类组织的管理与经济行为之真理的探求、传承和创造性实践。

改革开放三十多年来，伴随着中国社会经济的深刻转型、全球互联网技术的迅猛发展，以及全球政治经济格局的巨大变革，人类管理和经济活动一直都在经历着历史性的变迁，需要我们相应地对管理和经济活动的新规律进行大胆新探索。这不但对中国管理和经济研究提出了新的挑战，也为其提供了更广阔的发展空间。管理与经济学部以“崇实事而求是，践商道而化成”为使命，一直秉承天津大学“实事求是”的校训，坚持从管理实践中寻求真理，努力推动经管新知的传播和践行，进而为人类社会创造价值。自建立以来，天津大学管理与经济学部形成若干具有鲜明特色、彰显国家需求、引领学术前沿的学科方向，并在国家、省市（部委）和企业的支持下，完成了数百项高水平学术研究和管理咨询项目，取得数百项各类科研成果，获得近百项国家级科技进步奖及省部级奖励。

这些优秀的学术成果一直以来都以独立的学术专著、论文和教材，以及咨询报告或者专业媒体的文章等形式广泛向学术界和社会传播。为了进一步整合教师的高水平研究成果，天津大学管理与经济学部将以学术委员会为依托组成编委会对其进行系统编撰，与著名的学术出版机构——科学出版社合作，陆续以“北洋经管系列丛书”系列专著的形式奉献给各位学界同仁和广大读者，以彰显百年北洋老校管理与经济学科的特色。

本套丛书的特点是：第一，全面且系统。本套丛书中的研究成果涵盖了管理学、宏微观经济学及金融学等领域研究成果，体现了天津大学管理与经济学部通过三十几年的不断发展所形成的宽广且多元的交叉学科管理研究特色。第二，创新且务实。本套丛书所收录的一部分学术成果紧跟全球学术发展趋势，扎根于经典理论问题，不断进行大胆探索，体现出浓郁的知识创新精神；同时还有一部分成果着眼于国家宏观重大需求，紧贴中国微观管理实践，表现出天津大学（北洋大学）传统的“兴学强国”的使命感。

正如天津大学管理与经济学部荣誉主任李荣融先生所指出的，“在经济全球化的背景下，一个和平崛起的中国迫切需要一大批优秀的管理人才”。我们谨以这套丛书献给这些改变未来世界的人们，希望他们为中国乃至全球社会经济发展做出贡献。

天津大学管理与经济学部

2016年3月1日

前　言

《国家中长期科学和技术发展规划纲要（2006—2020年）》明确提出了技术创新、科技成果转化和产业化在我国“十二五”规划中的重要地位，科技型中小企业作为完成技术创新及科技成果转化的重要力量，必然在我国的企业整体构架中发挥越来越重要的作用。

科技型中小企业从创立到后期发展都离不开有效的资金支持，但在现实操作中，由于其自身风险较高以及同金融机构之间“信息不对称”等，大型金融机构往往不愿对信息不透明的科技型中小企业提供贷款；同时，对于数量众多的科技型中小企业的较低融资额度，金融机构面临着较高的征信成本和信贷管理风险。缺乏大量的资金投入和可持续的融资渠道成为限制科技型中小企业发展的重要原因。如何解决金融机构和科技型中小企业之间的信息识别障碍，如何分散金融机构的信贷风险，成为解决科技型中小企业发展困境过程中面临的首要问题。因此，通过设置担保来分散金融机构的信贷风险，提升科技型中小企业的自身资信，将融资方的高风险特征和金融机构的低风险偏好相匹配，是解决科技型中小企业发展困境的重要途径之一。

第三方担保模式可以很好地解决科技型中小企业在融资过程中没有充足抵押品的问题，一方面担保公司等第三方提供的担保作为安全的抵押品的替代，在一定程度上使科技型中小企业增信；另一方面担保不需要很多法律文件，与土地抵押等方式相比，担保的手续费用相对较低，这些使担保模式成为科技型中小企业获得融资支持的极佳途径选择。此外，从金融机构角度而言，第三方担保模式的存在打破了银行单方面承担信贷风险的模式，科技型中小企业的认知风险在担保方、银行方和融资方之间得到了合理的分散。当损失发生时，银行很容易通过三方之间的法律合同获得补偿，在一定程度上缩小了银行的低风险偏好和科技型中小企业高风险之间的风险缺口。

在科技型中小企业融资研究方面，天津大学张维教授课题组有着很好的学术积累和研究基础，2002年课题组承担了“投融资担保服务系统研发与建设”子课题。课题组组织多位老师和研究生对北京、吉林、天津、河北、山东、广东、上海等地的科技担保情况开展了广泛调研，在此基础上对现有的一些典型担保案例进行系统总结和分析，并以专著形式呈献给大家，希望能够为我国科技型中小企业融资担保实践提供一些有益的借鉴。

本书共八章，主要包括以下内容。

第一章科技型中小企业担保融资发展综述，由崔同宇整理。本章对科技型中小企业融资方式、支持政策、融资体系和融资路径进行了梳理，对科技型中小企业担保融资的理论内涵和实践意义进行了说明，同时对目前国内外科技型中小企业担保融资现状进行了介绍。

第二至六章是科技型中小企业担保融资模式的典型案例分析部分，是对现有科技型中小企业融资模式的应用研究。本部分通过理论结合实际案例的方法，对我国科技型中小企业现有的担保融资模式进行分析总结。

第二章固定资产抵押模式研究，由夏国彬整理。本章先介绍相关的概念，然后列出案例，最后针对案例进行分析，引出了在用固定资产进行反担保中存在的局限，并提出了反担保与担保的区别，以及固定资产作为反担保的抵押物所具有的法律效力等问题。

第三章流动资产抵押模式研究，由夏国彬整理。本章的思路同第二章类似，首先对相关概念进行介绍，然后列出案例，最后进行案例分析。

第四章股权质押模式研究，由安福绪整理。本章介绍了股权质押的相关概念，以及现有的理论研究情况，然后结合实例说明了担保机构并不看好股权质押的做法并分析了原因。

第五章无形资产质押模式研究，由岳冰心整理。本章介绍了无形资产质押融资的相关概念，国内外研究现状及无形资产评估的方法，通过分析相关案例，呼吁政府部门、银行、担保公司、评估机构共同为科技型中小企业创造良好的融资环境。

第六章“信托＋担保”模式研究，由徐晓凡整理。信托型担保是担保的一个重要组成部分，本章着重介绍信托型担保的内容，从信托型担保的概念、类型、特点、模式等出发详细地介绍了这种担保模式，并给出信托型担保的七个案例，使读者更为深刻地理解这种模式。此外，本章还介绍了担保定价的方法，并分别用 VaR 和期权定价的方法做了推导。

第七章科技型中小企业担保融资评价指标体系，由孙雅雯整理。本章主要介绍了科技型中小企业担保融资评价指标体系的当前背景及实施意义，并从信用评级本身的结构出发，结合信息不对称理论的要求、关系型贷款理论等内容，提出了一套适用于科技型中小企业融资的担保评价指标体系，并在此基础上与本课题的调研案例相结合，进行了实证研究。

第八章科技型中小企业融资概念展望，由安福绪整理。本章总结了调研过程中担保机构的状况和存在的问题，并针对该问题提出融资概念模型，旨在为科技型中小企业、担保机构、银行、信托机构、政府等开展工作提供参考。

出于企业信息保密性的考虑，本书对案例中的企业信息进行了一定处理，但不影响案例的真实性和实用性。本书在研究了其他相关资料的基础上，经过提炼、升华，形成了自己的观点。然而，由于写作习惯不同，思考问题的角度不同，作者的背景、调研经历不同，很多观点也只是一家之言，难免有不足之处，望各位专家、读者批评指正。

本书是国家科技支撑计划项目课题“投融资担保服务系统研发与建设（课题编号：2012BAH31F04）”的研究成果之一。

熊熊　邹高峰　张小涛

2015 年 6 月 10 日

目　　录

第一章 科技型中小企业担保融资发展综述

第一节 科技型中小企业担保融资相关理论研究文献

一、科技金融整体研究

“科技金融”一词最早出现在深圳，1993 年深圳市科学技术局首次提出科技金融携手合作扶持高新技术发展。金融体系对科技创新的支持主要通过债权融资和股权融资两种方式，债权融资主要是商业银行贷款，是间接融资方式；股权融资包括风险投资和资本市场，是直接融资方式。现有的理论研究主要是对科技金融整体的研究，学者对科技金融也有不同的定义。

赵昌文等(2009)从科技金融整体来进行研究，把科技金融分为创业风险投资、科技贷款、科技银行、科技资本市场和科技保险五部分。他提出要进行科技型中小企业贷款模式创新，途径之一就是要建立健全科技型中小企业信用担保体系(政府建立科技型中小企业融资担保基金；建立担保机构的资本补充机制，壮大担保公司实力)。他在科技银行的研究中发现，科技银行进行了担保贷款模式的创新，即科技银行进行高新技术企业联保、创业风险投资机构担保、个人无限担保责任贷款，这里不涉及作为中介的担保机构。赵昌文教授还指出，科技金融是“第一生产力”和“第一推动力”；科技金融是一个统一的概念，其可细分为科学金融与技术金融；科技金融是一个跨学科的概念；从广义上讲，科技金融既包括对一般意义上的科技开发、成果转化和产业化所产生的各种金融问题，也包括针对一些重大科技问题的金融解决方案；科技金融是包括理论、政策、工具和服务的系统安排。

李心丹和束兰根(2013)把科技金融定义为依托政府科技与金融结合的创新平台，金融资源供给者通过对创业投资(简称创投)、保险、证券、担保及其他金融机构主体等金融资源进行全方位的整合创新，为科技型企业在整个生命周期中提供创新性、高效性、系统性的金融资源配置、金融产品设计和金融服务安排，以促进科技型企业对金融资源或资本需求的内生性优化，进而保障企业技术革新有效提升并推动整个高新技术产业链加速发展的一种金融业态。

房汉廷(2010)认为科技金融是一种创新活动，是科学知识和技术发明被企业家转化为商业活动的融资行为总和；是一种技术—经济范式，即技术革命是新经济模式的引擎、金融是新经济模式的燃料，二者合起来就是新经济模式的动力所在；是一种科学技术资本化过程，即科学技术被金融资本孵化为一种财富创造工具的过程；是一种金融资本有机构成提高的过程，即同质化的金融资本通过科学技术异质化的配置，获取高附加回报的过程。

胡苏迪和蒋伏心(2012)认为科技金融是基于科技创新发展需要，为科技创业企业和高新技术产业发展的各个生命周期提供各项投融资服务的金融机构，以及创投、金融产品与服务模式及金融政策的组合。

综上，我们认为科技金融是基于科技创新发展的需要，依托政府科技与金融结合的创新平台，它为创新企业和高新技术产业提供各种金融服务的创新活动。

二、科技型企业生命周期中融资方式研究

1972年哈佛大学Grener教授提出生命周期理论，这个理论的提出起初是用来分析企业在生命周期中的存在方式。科技型企业的成长依赖于金融资源配置，从生命周期理论出发，处于生命周期不同阶段的科技型企业所需资金的性质、规模等也不同。在该方向上学者们的研究大同小异，思路主要如下：首先对科技型中小企业生命周期不同阶段进行划分和定义，说明各阶段的具体特征，然后研究在各阶段可以采取的具体融资策略，最后提出发展建议。Grener教授指出科技型中小企业主要的融资途径有内源融资、债权融资、股权融资、政策融资，企业的发展阶段不同，实力不同，其面临的具体融资难题也不同，可采取的融资策略自然也不一样。

除了理论研究，部分学者结合各地区实际对当地科技型中小企业生命周期融资策略进行了实证研究。李富有和梁俊茹(2009)依据陕西省民营科技型中小企业的数据对创业周期、资本需求与民营科技企业效率改善的关系进行了研究；王静和李微(2014)对天津市科技型中小企业不同生命周期下的融资模式进行了研究，并提出了互联网金融模式下的融资新选择；雷舰(2013)对浙江省高科技企业生命周期融资路径进行了研究，并提出各阶段融资路线图及实施方法。

主要研究基本都把科技企业的生命周期进行了具体划分并提出对应的融资策略，具体为：种子期，主要融资策略是依靠自有资金、天使投资、民间投资等；

初创期，主要融资策略是依靠政府创新基金、融资租赁、风险投资等；成长期，主要融资策略有担保融资、创业板上市融资等；成熟期，主要融资策略有银行贷款、主板上市融资、并购融资等。

除了对科技型中小企业不同生命周期的融资方式进行研究外，还有学者对科技型中小企业生命周期各阶段的筹资风险控制策略进行了研究。陆晓冬(2012)把科技型中小企业生命周期划分为初创期、成长期、成熟期三个阶段。科技企业在初创期主要面临技术风险、资金风险和财务风险，他提出企业应该通过政府扶持基金、企业开发基金降低融资成本和风险，同时在该阶段要积极主动地向投资者传递信息，降低信息不对称的影响；在成长期主要面临筹资风险，企业负债规模和利息率过大，资产的流动性和预期现金流入量结构不合理，在此阶段企业可以通过建立风险转移和风险分散机制、优化资产结构、控制投资规模等措施降低风险；在成熟期主要是选择何种筹资方式使成本更小，企业此时实力充足，可以选择多种融资策略或组合策略。

三、科技型中小企业融资支持政策研究

科技型中小企业融资支持政策，不仅包括政府相关部门政策，还包括商业银行的支持政策，随着国家对中小企业融资难问题的关注加大，国家政策相继出台和实施。

在理论及实证研究方面，唐五湘等(2013)对 2001 年以来的北京市科技金融政策文本进行了量化分析研究，发现出台的政策具有一定间断性，专门的科技金融政策太少且层次不高，科技金融相关部门协调差、科技金融政策主要集中在中关村，辐射范围有待扩大等问题。纪建悦和郅岳(2012)研究了商业银行对科技型中小企业融资支持的金融创新，指出科技型中小企业产品风险大、现金流不稳定、管理成本高、缺乏可抵押的资产，以及与金融机构之间信息不对称和担保机构缺乏是其融资困境产生的原因。通过对美国硅谷银行和杭州银行科技支行的经验进行总结分析，他们提出商业银行寻求创投作为科技型中小企业担保机构，帮助担保机构分担风险等金融创新方案。

在具体政策实施上，自 1999 年指导中小企业信用担保体系试点文件出台以来，国家陆续出台多项政策措施来解决中小企业融资难题，尤其是在十八大以后，国务院陆续召开多次会议并出台具体措施解决中小企业融资难题，具体政策如下。

1999 年 6 月 14 日，国家经济贸易委员会(简称国家经贸委)下发我国第一个中小企业信用担保指导文件——《国家经济贸易委员会关于建立中小企业信用担保体系试点的指导意见》，这标志着中小企业信用担保体系试点正式启动。

2001年3月26日，财政部印发了《中小企业融资担保机构风险管理暂行办法》，该办法规范和加强中小企业融资担保机构管理，防范和控制担保风险，促进了中小企业融资担保工作积极稳妥开展。

2002年6月29日颁布的《中华人民共和国中小企业促进法》明确提出：中央财政预算设立中小企业科目，安排中小企业扶持专项基金；设立中小企业发展基金，该基金的主要用途为建设中小企业信用担保体系；县及县以上各级人民政府要推动中小企业信用担保体系的建立。

2005年2月下发的《国务院关于鼓励支持和引导个体私营等非公有制经济发展的若干意见》是更直接的政策扶持。该文件中与担保相关的有：一是鼓励非公有资本创办商业性和互助性担保机构；二是鼓励符合条件的地方进行担保基金和再担保试点；三是要实行行业准入、风险控制和损失补偿机制；四是要求行业加强维权自律。

2006年11月下发的《关于加强中小企业信用担保体系建设意见的通知》是政府为扶持中小企业信用担保业发展而制定的专门文件。

2007年年底财政部和国家税务总局联合发文，允许担保机构在所得税税前提取未到期责任准备、赔偿准备和一般责任准备三项准备金，这缓解了担保机构的经营压力，对提高担保业自身抗风险能力至关重要。

2009年5月，中国银行监督管理委员会(简称银监会)和科学技术部联合出台《关于进一步加大对科技型中小企业信贷支持的指导意见》，两部委还表示进一步加强部门之间的合作和政策协调力度，共同推动建立银行业支持科技型中小企业长效机制，从而为科技型中小企业营造良好的发展环境。

2009年9月19日下发的《国务院关于进一步促进中小企业发展的若干意见》将缓解融资难作为专章规定。

2010年3月8日，银监会等7部委下发《融资性担保公司管理暂行办法》，对融资性担保机构的监管体制、设立审批、经营范围、公司治理、资本金制度、风险管理与拨备、信息披露等做了原则规定。

2010年4月30日，财政部、工业和信息化部(简称工信部)联合下发《中小企业信用担保资金管理暂行办法》，该文件首次明确了设立专项资金对中小企业信用担保予以支持，并明确资本金补充、业务补助、保费补贴、损失补偿等方式，该政策适用于担保与再担保机构，是迄今为止对中小企业信用担保体系建设支持力度最强的文件。

2012年3月18日，国务院下发的《国务院批转发展改革委关于2012年深化经济体制改革重点工作意见的通知》称，要完善扶持小型微型企业发展的财税金融政策，支持中小型企业上市融资，继续推进中小企业服务体系建设，深化流通体制改革[①]。

2012年9月11日，国务院总理温家宝在达沃斯论坛开幕式上提到国家要对中小企业予以扶持，具体优惠政策有以下三项：建立商贸流通的中小企业公共服务体系；采取融资担保补贴、内贸信誉保险补贴，以支持融资的供应链为整体，在这方面提供一个平台，平台将发布商业信用和银行资金贷款以及信息平台等相关数据，形成银行担保公司服务体系以及中小企业风险共担机制；对中小企业拓展市场的活动，包括参加各种展会、洽谈厂商的衔接会议，予以补贴[②]。

2013年7月1日，国务院发布《国务院办公厅关于金融支持经济结构调整和转型升级的指导意见》，该意见提出对中小金融机构继续实施较低的存款准备金率，增加"三农"、小微企业等薄弱环节的信贷资金来源；整合金融资源支持小微企业发展，支持金融机构向小微企业集中的区域延伸服务网点，鼓励地方人民政府建立小微企业信贷风险补偿基金、加强对融资性担保公司的监管、出资设立或参股融资性担保公司；加快发展多层次资本市场，适当放宽创业板对创新型、成长型企业的财务准入标准，将中小企业股份转让系统试点扩大至全国，规范发展各类机构投资者，探索发展并购投资基金，鼓励私募股权投资基金、风险投资基金产品创新，促进创新型、创业型中小企业融资发展[③]。

2014年5月以来(至2014年8月)，国务院七次提及并下文要求缓解融资难、融资贵问题。2014年7月23日，国务院总理李克强表示，商业银行要想办法为小微企业，特别是新创业的科技型小微企业服务。

2014年以来，中国人民银行、财政部等多部委也数次下文，意在缓解中小企业融资难问题，其中包括国务院出台的《国务院办公厅关于多措并举着力缓解企业融资成本高问题的指导意见》、财政部等制定的《中小企业发展专项资金管理暂行办法》、银监会发布的《中国银监会关于调整商业银行存贷比计算口径的通知》等。

四、科技型中小企业担保融资体系研究

丁武鹏(2011)指出，世界各国扶持中小企业发展的通行做法是建立中小企业信用担保体系，这也是扶持科技型中小企业发展、化解金融风险和改善科技型中

---

① 国务院批转发展改革委关于2012年深化经济体制改革重点工作意见的通知．中国政府网，http://www.gov.cn/zwgk/2012-03/22/content_2097110.htm，2012-03-22.

② 商务部．通过财政补贴解决流通企业融资难．中国新闻网，http://finance.chinanews.com/cj/2012/09-13/4180732.shtml，2012-09-13.

③ 国务院办公厅关于金融支持经济结构调整和转型升级的指导意见．中国政府网，http://www.gov.cn/zwgk/2013-07/05/content_2440894.htm，2013-07-05.

小企业融资环境的重要手段。我国科技型中小企业担保融资体系目前还处在起步和初级阶段，在制度建设上还有很多缺陷，如监管不足、行业规范性不高、担保机构风险补偿和内控机制不健全等。对此学者研究的解决思路主要有两种：一是风险补偿、风险分散和内部风险控制方面，在风险补偿上主张政府财政要安排专项预算及税收减免等政策支持科技担保机构发展，在风险分散上主张加强银行和担保机构的合作及完善再担保制度和贷款保险制度，在内部风险控制上主张加快信用担保体系建设，构建风险评价指标体系。二是担保制度方面，主要是关注担保机构尤其是政府担保要产权明晰，进行商业化运作，减少行政干预，以及建立完善的信用评级机构，促进再担保机构的建立和发展。在建立什么样的担保体系上，学者们观点各异，刘志荣(2009)汇总指出以下三种类型：以政策性担保为主体的信用担保体系，以商业性担保为主体的信用担保体系，以互助性担保为主体的信用担保体系。

游春和胡才龙(2011)把我国当前的科技型中小企业担保融资模式划分为政策担保模式、互助式担保模式、商业担保模式和联合担保模式(包括天使联保、商会联保、同行业协会担保、网络联保)，指出当前我国科技型中小企业担保体系主要存在信息不对称问题、风险共担问题、担保体系本身问题、新兴联保模式的缺陷和不利的外部环境。完善我国科技型企业融资担保体系需要：加强企业信息平台沟通建设，提高企业经营管理水平；积极发展无形资产抵押贷款方式；构建风险控制和补偿机制；努力提高担保体内部管理水平；进一步发展各联合担保模式并完善其不足之处；不断地完善外部制度环境。

钱野等(2012)对杭州市政府于 2009 年创新推出的基于政府支持的科技担保模式——天使担保模式(即通过国有担保公司担保、银行贷款、风险共担的市场机制将财政科技投入与金融资本有效对接，降低科技型初创企业的贷款门槛)的运营成果进行调研，并指出要进一步推出联合天使担保，推动全市科技型初创企业信用体系建设，调整财政科技资金结构，扩大担保额度。

丁武鹏(2011)研究指出当前我国科技型中小企业担保体系存在的主要问题是信用担保资金来源单一、缺乏风险分担机制、企业信用体系未建立，并提出以下发展建议：充分发挥科技担保对科技信贷的撬动作用，拓宽担保机构资金来源渠道，应用创新性金融工具分散担保风险，建立科技型中小企业信用档案库。

五、科技型中小企业融资路径研究

科技担保发展路径的理论研究目前极少，更多的研究是从科技金融整体来进行研究并提出发展建议的。

周昌发(2011)指出科技与金融结合关乎国家的总体科技产业规划，是一项庞大的社会系统工程，科技创新的投入需要制度创新的支持，但现有的制度创新却跟不上科技创新和金融创新的步伐，金融促进科技发展的制度保障不足。他提出出台《促进科技金融发展条例》、完善相关法律规范、建立部门联动机制、推进金融制度创新、完善风险投资法律制度的发展路径建议。

科学技术部推出了创新基金的延伸——科技型中小企业成长路线图计划，该计划的目的是解决企业的实际需求。该计划针对科技型中小企业在不同成长阶段所面临的不同融资需求，构建了“科技型企业梯形融资模式”，其中强调加大科技担保机构的数量和实力，提升科技担保机构整体能力。

区域科技金融服务平台，是由政府或银行(如汉口银行)引导组建的，其包括银行机构、担保机构、科技园区、风险投资公司、专业融资中介等，为区域内的科技企业提供系列化的专业融资服务。区域性科技金融服务平台的构建大都坚持政府引导、多元支持、市场运作的原则，强调资源共享和机制完善，为处于不同生命周期阶段的科技型企业提供服务。该平台不仅是投融资平台，而且是信用平台，通过平台运作，能够有效降低信息不对称因素的影响，进而降低科技型中小企业的融资成本，同时降低金融机构和担保机构等的风险，可以有效地解决科技型中小企业的融资难问题，目前该平台已在全国各地推广。游达明和朱桂菊(2011)对区域性科技金融服务平台构建和运营模式进行了研究。

胡新丽和吴开松(2014)通过对武汉东湖国家自主创新示范区(简称东湖示范区)科技金融创新与美国硅谷进行对比，提出了对东湖示范区科技金融改革的建议，主要有以下几点：加强区域科技合作，构建科技金融区域协同创新中心，积极开展科技金融协同创新；构建互联网金融创新服务平台(包括设立 P2P 网络借贷平台)，创新融资平台运营模式和基于大数据的云金融创新；加强科技金融创新文化建设，拓展科技金融创新文化推广渠道；探索科技金融模式创新，链接国际科技金融合作，实施科技创新内生动力创想工程、科技金融创新能量聚变工程及梯形科技融资工程；依托武汉光谷联合产权交易所，构建金融支持科技成果转化机制。

徐敏等(2013)提出我国科技金融发展路径是：创建科技金融聚集区，促进产学研结合，培养科技金融创新人才，培育多元化的科技金融投资主体，构建完善的科技金融中介服务。

第二节　科技型中小企业担保融资的理论内涵与实践意义

一、科技型中小企业担保融资的理论内涵

中小企业是社会主义市场经济的主体之一，是解决就业问题的主要力量，科技型中小企业是中小企业的核心。科技型中小企业的显著特点是创新，在产业链结构中，科技型中小企业主要分布在高新技术产业和传统产业中技术含量比较高的产业链环节。科技型中小企业具有以科技创新为使命，以自筹资金为主要资金来源，对创新主体的人力资本依存度高，高成长性，存活率低的特点(唐雯等，2011)。科技型中小企业融资需求具有市场化、多元化、组合化、社会化的特点(秦汉锋和黄国平，2001)。

科技型中小企业担保融资(科技担保)，目前还没有准确的定义，夏太寿和褚保金(2011)给科技担保做出的定义是，担保机构为科技型中小企业的贷款(融资)提供的(信用)担保。科技担保是担保的一种特殊形式，在担保对象和业务操作方法上与其他担保方式存在差异。对中小企业贷款(融资)进行(信用)担保主要是为了解决中小企业融资信用不足的问题，因而科技担保主要是指中小企业融资信用担保。

二、研究科技型中小企业担保融资的实践意义

1. 促进科技与担保相结合， 推动科技型中小企业发展壮大

科技和金融共同推动着经济增长，科技担保作为科技金融的一部分，研究科技担保模式是为了实现两者的最佳结合，研究的根本目的是完善科技担保体系并推动科技企业的发展。科技与担保结合的最终表现形式是科技型中小企业与担保机构的结合。经济的快速可持续发展需要科技企业的支撑，只有建立专业科技担保机构，并加快科技担保产品创新，完善科技担保体系，才能更好地支持科技型中小企业的发展壮大。同样，在科技与担保结合的实践过程中，总结经验和产品、服务创新，有助于科技担保机构和科技担保体系的不断发展和完善。

2. 促进科技担保体系的自我完善和发展

我国当前科技担保体系还很不完善，存在着各类专业科技担保机构少、科技创新产品不足、风险控制和分散机制不健全等问题。因此，在加大对科技型中小企业担保融资支持过程中，也要求科技担保机构的能力提升，政策法规的完善

等，不断完善科技担保体系。

促进科技担保体系的自我完善和发展主要体现在以下两个方面：一方面，科技的不断发展打破了原有的经济格局。近年来，以物联网、电子商务、云计算等为代表的科技创新改变着企业传统的经营方式和商业模式。科技企业的发展对融资服务提出了更高、更新的要求，这也在改变担保机构的产品创新、服务创新，乃至组织变革，实现担保机构自身的发展。另一方面，科技进步，尤其是互联网的发展，也在改变着传统担保机构的经营方式，使担保机构信息成本和交易成本降低，同时，科技创新也在改变着担保产品设计和担保机构的组织形式。

3. 丰富科技金融理论体系， 指导科技企业实践

李心丹和束兰根(2013)指出，学术界近年来对科技金融的研究不断升温的深层次原因是政府宏观战略推动、国外成功实践的引领以及高科技企业发展的现实需要。在信息、物流和资本全球化的今天，科技创新的步伐稍慢便极有被赶超的可能，科技金融理论创新刻不容缓。现阶段研究国内科技金融将有助于丰富和完善科技金融理论体系，指导科技金融创新实践，促进国家高新技术创新发展。

科技担保理论作为科技金融理论体系的一部分，科技与担保的结合，在推动科技型中小企业发展的实践中进行经验总结和理论升华，并逐渐形成完善的科技担保理论。科技担保不仅作为一种科技金融工具，其理论的发展和完善也在丰富着整个科技金融理论体系。

4. 总结国内外成功实践经验， 促进科技担保政策法规的完善

国家的政策和法律法规指导着科技担保的发展，现阶段随着国家对中小企业，尤其是科技型中小企业融资难的关注，政府已出台多项政策和措施来缓解中小企业融资难题，目前出台的政策针对商业银行贷款和中小企业融资渠道方面较多。李心丹和束兰根(2013)指出，在引导和鼓励企业成为创新主体方面，我国可以尝试性地通过改建企业研发费用计核方法、完善高新技术企业认定等措施来鼓励企业进行科技创新；在金融政策制定和完善方面，要持续加大对科技型中小企业自主创新的财政支持力度，推进政策性金融机构职能创新改革，完善科技担保、科技保险、科技金融中介等科技金融辅助体系的建设，实现全方位优化科技金融政策体系。

科技型中小企业在进行担保融资过程中，面临信用体系不完善、担保机构门槛高、法律法规不完善等问题。在研究科技担保过程中，对各国发展情况及我国目前的实际(尤其是成功的经验)进行总结，能够有效地指导我国科技担保的发展实际，促进科技担保相关政策法规的完善，以更好地服务科技型中小企业。

第三节 国内外科技型中小企业担保融资发展概述

一、我国科技型中小企业担保融资的起源及实践历程

我国科技型中小企业担保融资实践始于1992年，以上海工商联企业互助担保基金会和广东地方性商业担保为代表。近年来，国内担保事业发展较快，在实践中不断涌现出新的担保模式，有效地解决了部分中小企业融资难的问题。

从1992年开始，我国(科技型)中小企业担保融资的发展经历了两个大的阶段，每个阶段又包含着多个方向的发展和完善。

起步探索阶段(1992～1998年)：这个阶段随着我国社会主义市场经济体制确立，企业自主性增强，国家信用开始逐步退出，担保体系建设被纳入国家发展计划。企业互助并辅以政府资助成为中小企业融资的主要实践方式，银行也由于竞争机制不足等原因，在一定程度上限制了担保作用的发挥。1993年，国家经贸委和财政部共同发起并创办了中国首家全国性专业担保公司。

积极推动阶段(1999年至今)：中央层面，国务院及财政部、中国人民银行等多部委不断出台多项举措支持中小企业融资，不仅有政策、规定、要求的出台，还有法律法规的完善。十八大以来，中小企业融资难题成为新一届中央政府关注的重点。在地方层面，其主要表现就是各类担保机构层出不穷，专业科技担保机构不断成立，多个地区开始组建科技金融综合服务平台。随着担保机构的发展，担保产品和担保模式也开始不断创新，除了传统的固定资产抵押担保，担保换期权、知识产权担保融资、桥隧担保模式等层出不穷。另外，中小企业的融资方式和融资渠道也开始多样化，专业科技银行成立，以中小板、创业板及新三板为代表的资本市场，风险投资，天使投资等都在支持着中小企业的发展。

二、我国科技型中小企业担保融资发展现状

我国科技型中小企业担保融资目前主要有以下两种形式：一是北京、武汉、上海等国家创新示范区制定科技金融政策，如给予企业贷款贴息和担保费补贴，给予担保机构担保补贴、损失补偿、落户奖励、购(租)房补贴和财税奖励，减轻科技型中小企业担保负担，支持担保机构业务开展，对科技型中小企业提供融资服务；二是各地成立的科技金融担保公司，如天津科融担保有限公司，以及在无锡成立的科技担保公司、科技再担保公司等，为科技型中小企业提供担保融资服务。另外，也有一些依托科技产业园、大学科技园等园区来提供担保的机构。在合作方式上，开始出现“担保＋信托”、担保联合等新模式。

总体来说，服务方式有创新，专业担保机构有增加，但是对科技型中小企业的支持力度还不足。

从科技担保机构角度来看，根据科学技术部的调查，2014 年我国的科技担保公司大约有 200 家，迄今为止规模最大的是成立于 1999 年的北京中关村科技担保有限公司(现为北京中关村科技融资担保有限公司)。现有担保机构的类型有：政策性担保机构，其一般以政府出资为主，如天津滨海中小企业担保中心；互助性担保机构，其一般是由中小企业团体组建，自付资金，自担风险；商业担保机构。在具体担保产品设计上，担保类型主要有借款担保、票据担保、合同履约担保、委托贷款等，北京中关村科技融资担保有限公司还创新地推出了“瞪羚基金”、典当和财产保全担保等服务。科技担保机构与中小商业银行合作较多，在市场开发过程中非常重视风险管理，通过加强反担保和监管，保持较低的代偿率，与评估公司合作对抵押物价值进行评估。

科技担保公司的发展也存在许多问题，主要体现在以下几方面。

(1)在地域分布上存在不均衡的问题，沿海发达地区机构较多，中西部及东北地区极少。

(2)在运行和管理过程中也存在着问题，主要表现在：资本金不足，抗风险能力弱；很多科技担保公司成立时间短，自有资本金不足，难以提供规模服务，也难以承受违约和代偿情况的出现；风险补偿、风险分担机制不健全，另又受最大放大倍数所限，目前风险补偿资金主要用于商业银行支持科技型中小企业融资，科技担保机构风险补偿机制尚未建立，在风险分担方面，担保机构承担 100%的风险，贷款商业银行风险则由担保机构托底；监管考核体系未建立，这造成担保行业的不规范，民间担保公司林立，以及担保机构服务科技型中小企业动力不足；另外，科技担保机构在服务产品，如无形资产质押、动产抵押等方面还须创新，在风险控制手段和专业人才队伍建设上还须加强。

(3)在盈利模式上，科技担保机构在业务开展上面临业务量不足，同时出于分散风险的考虑，在产品设计和服务对象上开始出现多元化的趋势。

为此，各地区应根据地区实际和国家支持政策，积极开展科技担保服务，现举例说明我国科技型中小企业担保融资发展现状。

1)北京

北京市构建了市区(县)两级担保体系，市级主要有首创担保，另外，首创担保还与北京市下属的 16 个区县政府合资设立担保分级机构，搭建垂直网络(即市、区、县网络)和横向网络(银行服务网络)，构建了覆盖全北京市的中小企业信用担保网络服务运营体系。在风险控制和风险分担方面，北京市设立了中小企业担保资金，用以与首创担保共同承担风险，同时还建立了对担保公司的补偿机制，北京市政府对首创担保当年发生的代偿给予一定补偿，其中代偿/补偿率最高不超过当年实际担保余额的6%。还有就是原北京中关村科技担保公司依托中关村科技背景，创造了“中关村模式”。北京市科技担保中虽然民营担保机构数量多，但其担保放大倍数低，这就无法充分发挥担保的杠杆作用，使得资金运用效率低；科技担保缺乏健全的风险分散机制，担保公司通常承担全部的风险，担保公司未能建立与再担保机构、商业银行的风险分散机制；代偿补偿机制与管理考核机制不健全，造成担保规模难以扩大；担保期限短，不能满足科技型企业的长期资金需求；不动产抵押担保还是主要方式，信用担保、知识产权担保尚少；反担保措施严苛；担保机构产权不明，在担保机构中还存在政企不分的现象和严重的“寻租”现象；企业互保较多，风险大等问题需要改善(马秋君和邢菲菲，2011)。

2)杭州

按照“政府引导、市场化运作”的思路，杭州市政府改革科技资金使用方式，科技银行探索新的商业模式，政策性科技担保公司完善新服务方式，实现“政银保联动”(政府、银行、担保三方联动)，搭建杭州市创业投资服务中心投融资服务平台。杭州在一个平台、三项支撑的基础上逐步形成了“四位一体”的科技金融体系，有效缓解了科技型中小企业融资难题，为促进科技成果转化和产业化，支持科技人才创业，发展战略性新兴产业和推进经济转型升级提供了有力支撑(胡义芳，2012)。

3)上海

上海的主要创新在于加强平台建设，深化银行和政府的合作。在上海，各区县、园区都建立了金融服务平台，平台指导政府部门为企业提供融资服务。平台、银行、担保公司等中介机构之间也建立了紧密的联系和合作。近年来，上海除了加大对中小企业信用担保机构的支持，还培育了一大批专业的担保公司，并出台了相关的免税政策。在科技担保方面，2014年1月成立的注册资本为2亿元的上海浦东科技融资担保有限公司是上海第一家专业科技担保公司。

4)苏州

苏州科技金融政策主要支持采用创新成果进行科技创业的企业。在具体措施上，苏州在江苏省率先设立了5 000万元的科技型企业信贷风险准备金，主要用于对银行业金融机构向科技型中小企业发放的贷款进行风险补偿，以推动银行加大对科技型中小企业的信贷支持力度；在江苏省率先设立科技小贷公司，成立再担保基金，苏州市政府设立了2亿元的再担保基金，引入“担保＋投资”的新模式，大力推动科技保险的发展；苏州市政府通过税收优惠、财政补贴等政策措施，鼓励在苏州设立股权投资企业；苏州市财政部门对科技型企业上市融资实施奖励政策，对科技贷款进行贴息，对知识产权质押贷款和科技保险费实施贴补；等等。

5)温州

温州近年来通过推进公共科技平台建设，大力扶持培育高新技术和战略性新兴产业。温州成立了专门支持科技型企业发展的投融资促进机构；鼓励温州的金融机构积极支持和参与自主创新；积极推进金融产品创新，知识产权质押贷款、股权质押贷款、商标权质押贷款等业务也积极实施(王渊，2012)。

6)武汉

2009 年国务院就表示明确支持武汉东湖新技术开发区参照中关村有关政策，开展科技金融改革创新试点。目前，武汉市已基本形成以“两个平台，五种方式”为核心内容的科技金融创新体系。两个平台是指以武汉科技投资公司和武汉科技创新投资有限公司为主体的科技投融资平台，以及由武汉科技担保有限公司为主体的担保平台。“五种方式”包括创新财政投入方式、科技创业投资引导基金资助方式、科技型中小企业信贷融资方式、星火科技示范户小额贷款贴息方式、科技保险融资方式。在科技担保方面，武汉市政府与中国工商银行、交通银行、上海浦东发展银行、汉口银行等银行合作，设立市区孵化共同担保资金，放大比例为 1∶5，为在孵企业提供流动资金贷款。另外，武汉科技担保也存在着贷款门槛高，试点银行激励不足，金融规模小；融资方式单一，直接融资力度不足；企业信用体系建设不完善；金融支持与科技企业发展周期不匹配等诸多问题(肖泽磊等，2011)。

除了上述地区，在天津、广州、安徽、四川、江西、山东等地近些年均成立了规模较大的专业科技担保公司，缓解了科技型中小企业融资难题。

三、国外科技型中小企业担保融资发展现状

国外科技型中小企业主要有直接融资和间接融资两种模式，美、英等国资本市场发达，在助推着科技型中小企业的发展；德、日等以间接融资为主的国家，通过中介银行或建立银企特殊合作机制的方式，以及加深银行和企业的关系，以有效降低信息不对称因素的影响。现举例说明国外科技型中小企业担保融资发展现状。

1)美国

美国的中小企业信用体系由全国性中小企业信用担保体系、区域性专业担保体系和社区担保体系三部分构成，其中发挥作用最大的是全国性担保体系。在担保业务上美国目前主要有诚信担保、履约担保、保证担保、融资担保等。1953 年，美国小企业管理局(Small Business Administration，SBA)的成立标志着美国中小企业信用担保体系的建立，SBA 总部设在华盛顿，并在全国各地有 100 多个分局或办事处，是美国小企业融资担保的主管机构，其经费和担保基金每年向国会申请。SBA 提供的贷款担保项目有《小企业法案》中 7(a)贷款项目(特殊企

业贷款担保)、微型贷款担保项目、CDC/504 贷款项目(社区小企业发展贷款，利率固定)和小企业投资公司项目。SBA 在中小企业担保融资项目运作时有以下特点：严格明确借款企业资格；定向分类管理，小企业的资金不能用于投机性用途；政府担保额度高；参加担保计划的主要是私营的金融机构。在风险分担上，美国采取的是由银行和担保机构共同承担风险的机制，担保机构一般不全额担保且对被担保企业设定担保上限。在道德风险的应对上，SBA 有追索权且可要求小企业主和股东提供个人财产抵押，美国也有固定的财政拨款来补充中小企业信贷担保资金。针对无法通过政策渠道获得贷款的中小企业，近年来，SBA 还制订和实施了债券担保计划、担保开发公司计划等多种资金援助计划予以支持(刘社芳，2012)。目前美国规范小企业融资担保的法律法规主要有《联邦法典》、1953 年《小企业法》、1958 年《小企业投资法》和 2010 年《小企业就业法》。

2)德国

德国的信用担保体系是从 1954 年开始建立的，信用担保体系主要以中小企业为中心。德国不同规模企业的担保服务机构也是不同的，大中型企业主要由政府财政部门提供信用担保，各州政府成立的担保银行是目前主要从事中小企业融资性担保业务的机构，德国第一家担保银行成立于 1954 年。担保银行是一种特殊的信用担保公司，其完全独立于德国政府，业务不受干涉，出资者主要是工商业协会、信贷机构及保险公司等。担保银行以自身信用作为抵押物，注册资本较少，但担保银行的运作模式容易在金融与财政间直接建立风险传递通道(李俊等，2012)。各级政府通过向担保银行提供反担保，实现政府、担保银行、放贷银行三方风险共担的信用担保模式。担保银行服务对象是发展前景良好的中小企业，最高担保额不超过 100 万欧元。担保银行的实际地位如同银行，但它不吸收存款，也不发放贷款，其主要业务是提供担保服务，公司性质上属于有限责任公司，且通常与商业银行合作开展业务。担保银行的风险控制流程是首先对拟承保的企业进行信用评级，获得企业的全面信用信息，然后根据评估结果，对不同客户的历史信用记录及抵押等级进行提示和警报。在风险分担方面，一笔贷款通常由贷款银行承担 20%，担保银行承担 80%，而且这 80%的贷款风险也不是全部由担保银行承担。担保银行自我承担风险占 28%，担保风险率为 35%；联邦政府提供的再担保占 31.2%，担保风险率为 39%；由州政府提供的再担保占 20.8%，担保风险率为 26%(文海兴和罗晓强，2012)。德国担保银行还形成了较为完善的风险补偿机制，担保银行的损失率一般被要求控制在 3%以下，德国联邦政府出台了多项税收优惠政策扶持担保银行的发展(夏太寿和褚保金，2011)。经过 60 多年的发展，担保银行在德国已经取得了较为显著的经济效益和社会效益。德国担保业的监管部门为成立于 2002 年的德国联邦金融监管局(BaFin)，德国没有专门的担保业法律，在法律上有涉及的主要有德国基本法、金融法及《德国民法典》《德国商法典》等。

3)日本

1937年成立的东京都中小企业信用担保协会是日本最早的信用担保机构。经过70多年的探索和发展，日本中小企业信用担保体系确定为两级信用保证体系，由信用保证协会和信用保险公库两部分构成，这两部分共同承担着为中小企业融资提供信用担保的职责。二者的职能分工是：中小企业担保由信用保证协会担保，中小企业信用保险公库对信用保证协会进行保险(彭超平和梅强，2008)。日本中小企业信用担保体系的资金以政府财政拨款为主，资金投入多元化。日本信用保证协会向委托企业征收基本费率为年均1%的信用保证费，由协会和基金等专门机构具体运行，政府管理部门加以监控。在资金补偿与风险控制方面，日本政府不直接操作和干预担保机构的业务，但制定了一套在担保机构、银行和企业之间分散和规避风险的机制：一是规定担保比例，实行公司内部分级负责制和严格的审批、担保、代偿分离制度。二是严格审批担保程序，建立健全内部控制和外部防范双重风险补偿机制。首先，担保公司在公司内部设立收支差额变动储备金，地区性的金融机构的一项职责是为中小企业提供融资，而担保机构的大部分基本资产都来源于地区性的金融机构，担保协会根据各金融机构接受的担保金额及风险情况，对有关金融机构提出捐助担保基金要求，捐助的资金直接列入银行的成本支出；其次，金融机构参与担保协会的管理(夏太寿和褚保金，2011)。日本信用保证协会决定是否对金融机构承诺信用保证，并对中小企业提出的贷款申请进行审核，其中对承保的项目是根据贷款规模和期限进行一定比例的担保，一般比例为70%，在担保机构和银行之间分散风险，不是全额担保。日本制定了中小企业信用担保制度扶持中小企业发展。日本根据1958年颁布的《中小企业信用保险公库法》，设立了中小企业信用保险公库(现为中小企业综合事业团)，各都道府县也都成立了信用保证协会(张亚兵等，2006)。

4)英国

英国贸工部与国内20家银行和金融放款机构合作实施“小企业贷款担保计划”，向因资信不足而不能按例行标准获得银行和其他金融机构商业贷款的小企业提供贷款担保。借款人向贸工部缴纳保费，年费率为1.5%，小企业直接向参与计划的20家银行和金融机构提出申请，贷款人认定其商业计划切实可行，则向贸工部申请担保。贷款监管是贸工部和参与计划的借款人的共同责任，借款人定期上报财务管理信息，如果借款人违约，贷款人不能仅要求借款人偿还贷款人承担风险的部分贷款，应要求其全额还款。贷款人应根据抵押协议，以资产变现收入减少债务，减少向贸工部的索赔。担保人赔偿贷款人损失后，借款人仍是债务人，全部债务仍要通过清算赔偿(夏太寿和褚保金，2011)。

5)法国

1984 年法国出台的银行法规定信用担保机构属于商业公司，在金融机构之列，受特殊约束。法律明确规定了信用担保机构资金的三个主要来源，即股权资本、法定准备金和担保。在资本需求和承担的负债及内部组织相冲突时，当局行使监督。信用担保机构和其他中介机构的内部组织都要符合法律条例尤其是内部控制。法国的担保市场是由三类中介机构主导，即国有股份公司、跨职业公司和 SO-CAMAs，担保系统的有效性通过企业获得贷款的便利性和担保系统自身的经济持续性来评价。现代法国法的担保种类在罗马法时代基本上都已存在，法国担保相关的法律依据主要是《法国民法典》(莱昂和 Vento，2013)。

第二章
固定资产抵押模式研究

第一节　固定资产抵押概述

一、反担保的介绍

反担保又称求偿担保、偿还约定书或者保证书，是指为保障债务人之外的担保人在将来承担担保责任以后，对债务人的追偿权的实现而设定的担保方式。

企业融资的首选渠道是银行贷款，但是银行贷款不仅要看企业经营状况，还要看企业能否提供房产、土地等实物资产抵押或质押，即反担保。而对于中小企业来说，它们刚刚完成原始积累，规模还很小，没有房产和土地等可以抵押的固化物。在这个时候，就需要通过担保公司担保，来提升企业的信用，获得银行贷款。

担保公司为企业提供担保以后，一旦受担保的企业还不上贷款，担保公司就要承担相应的代偿责任。因此，担保公司首先要考虑的是受保企业是否有还款能力。第一还款来源一般是企业经营产生的现金流；第二还款来源是受保企业或第三方企业提供的法人担保或抵(质)押物。

担保公司在为企业提供担保的同时，也需要受保企业提供反担保。但与银行不同的是，担保公司不仅认可实物资产作为抵(质)押物，还认可企业的核心资产作为抵(质)押物。例如，有些贸易型企业虽然没有土地和房子，但有存货和稳定的上下游关系。又如，有些科技型企业，虽然没有土地和房子，但是有专利等无形资产。总之，担保公司认可的反担保形式比较多样。

二、反担保的形式

具体来说，担保公司认可的反担保形式有以下两种。

(1)第三方连带保证。这种方式被普遍使用，有相应实力的第三方公司、关联公司、公司实际控制人、大股东等承担个人无限连带责任。

(2)流动资产、固定资产和无形资产担保。流动资产包括存货、机器设备及应收账款等。固定资产包括土地使用权、在建工程和房屋等。对固定资产可以进行抵押登记；存货可以由担保公司进行监管，也可以由第三方进行监管；对机器等设备可以进行质押登记。无形资产包括专利技术、商标、著作权(作品、软件、影视文化)等。

三、反担保的显著特点

1. 担保对象不同

担保的担保对象是主合同对债务人的债权，而反担保的担保对象是担保人对被担保人(债务人)的追偿权。担保人向债务人追偿损失的债权在发生原因、主体及范围等方面，均有别于主合同债权人的债权。反担保最基本的特点就是担保对象的不同，它既决定了反担保的其他特点，也决定了反担保与担保、再担保的根本区别。

2. 当事人不同

担保合同的当事人因担保人和担保方式的不同而有所不同，在由债务人本人充当担保人的抵(质)押担保中，担保合同的当事人均为债权人与债务人。而在债务人之外的第三人充当担保的保证和抵(质)押担保中，担保合同的当事人为债权人与担保人或是债权人、债务人与担保人。

反担保合同的双方当事人也是债权人与担保人，反担保合同的债权人是在担保中为债务人提供担保，并对债务人享有追偿权的担保人。反担保合同的担保人(即反担保人)既可以由债务人自己充当，也可以由债务人以外的人充当，反担保人只对本担保人负有义务，对主债务的清偿不负担义务。

3. 反担保的补充性和从属性有特殊的表现

反担保也是担保，因而也具有担保所固有的补充性和从属性，但是这两种性质在反担保中具有特殊的表现。反担保合同从属于本担保人与债权人之间的担保合同，反担保的成立、效力、变更、解除等，并不直接决定于债权人与债务人的主合同(但主合同对反担保合同有间接影响)，而是决定于担保合同。同样，反担保责任的补充性也不是针对于主合同债务人不履行债务责任而言，而是指担保人在取得对债务人的追偿权后，当债务人不对担保人的损失履行清偿义务时，反担保人才负有代为清偿的责任。这一特点决定了反担保责任的构成要件、责任范围等与本担保有所不同。

四、固定资产的概念

固定资产是指企业为生产产品、经营管理、提供劳务或者出租而持有的，使用时间超过一年的，价值达到一定标准的非货币性资产，包括建筑物、房屋、机械工具，以及其他与生产经营活动有关的工具、器具和设备等。固定资产是企业的劳动手段，也是企业赖以生产经营的主要资产。从会计的角度划分，固定资产一般被分为生产用固定资产、非生产用固定资产、融资租赁固定资产、接受捐赠固定资产等。

五、固定资产作为反担保形式存在的问题

(1)固定资产的净值变化问题，固定资产的使用年限一般都较长，价值补偿按其磨损程度，以折旧的方式计入产品成本，用折旧基金进行补偿。固定资产净值不断减少，不断折旧，用固定资产原值作为反担保期间，反担保期限越长，净值与原值差距越大，而现在很多反担保都忽视了这一点。

(2)理论与实际矛盾，从理论上说作为反担保的抵押品要交债权人(担保公司)封存保管，这样企业获得了流动资金，但在反担保期间失去了生产的劳动手段，如机器、厂房、设备等。而现行的固定资产抵押却不是这样的，企业继续使用抵押品，与理论不符。

第二节　固定资产抵押模式案例

➤案例一　北京华盛有限公司抵押融资

一、背景

(一)行业现状分析

1. 我国建筑装饰行业特点[①]

1)建筑装饰行业相较于房地产、土建等行业规模较小

虽然近些年来，装饰工程在工程项目中所占的投资比例有所增加。但是，由于装饰工程艺术性和文化性较强，所以在同一栋建筑物里也允许不同设计风格的单体出现。从业主角度来说，其一般倾向于将同一个项目分成多个标段，选择不同的装饰施工企业进行施工，这样既可以达到装饰风格的多样化，又可以在多家

① 信息来源：中国建筑装修装饰协会。

公司中制造竞争的气氛，从而得到最大优惠价格，同时这也是业主用于协调各方面关系的一种手段。虽然在施工管理中增加了一些工作，但参与施工的企业在施工和服务等方面的相互竞争，又在一定程度上提高了施工质量和服务水平。而这种趋势在2000年以后就愈发明显。

在这种情况下，对装饰公司而言，由于单项工程的造价降低，其为了保证一定的市场份额，就必须多点出击，依靠工程数量弥补单项工程造价偏低的不足。

这一特点决定了装饰工程项目区域分布广泛，每个单项工程的经营施工都必须分别进行，难以进行整合，以及发挥集团优势。大大加重了经营和管理的难度，而且公司的规模越大，工程项目越多，管理的难度也就越大。

2)装饰行业缺乏高技术含量，不需要大规模的投资及大型机器设备，入门门槛比较低

最初的装饰从业者大多是从农村出来的剩余劳动力，只需要一柄锤子和一把锯子就可以从事装饰施工，即使发展到今天，这种状况依然没有从根本上得到改变。特别是家装行业，虽然施工管理人员的素质有所提高，但作业人员仍然以农民工为主，只不过将手中的原始作业工具变成手提式电动工具。而从施工技术的角度上来看，施工企业对新工艺和新技术的使用几乎完全受制于装饰材料制造行业，根本无法拥有自己的核心技术，形成技术上的优势。从目前施工现场的情况来看，装饰公司无论大小、成立先后，施工作业的手段几乎没有本质上的区别。

同时，装饰施工对企业的投资压力比较小。机具的含量在工程成本中所占的比例较小，更换的频率也很高，如果是单项工程，基本上自己就可以解决机具设备的问题，企业不需要在机具设备上进行储备。同时，由于企业所承包的装饰工程标段规模越来越小，施工保函的数额不大，施工前期对工程款垫付的要求不高，故不需要大量的资金储备。

所以，装饰行业的入门门槛很低，从国内装饰行业的发展历程来看，自从1981年第一家装饰公司海外注册成立，据不完全统计，现有装饰公司包括家装公司在内已经达到25万家，还不包括20年来已经被淘汰的大批企业。大量小型企业在管理和技术的竞争力上无法与大公司进行相比，为了生存便使用各种非市场竞争的手段，如采用幕后操作手段及随意压低价格等，造成现阶段装饰市场竞争的无序和混乱。

在这种情况下，大型正规化管理的装饰企业不宜盲目扩大规模，而首先应该注意保持公司在市场竞争中的灵活性，使公司不仅能够同大企业竞争，而且能够同中小企业竞争，在市场条件允许的情况下再逐步进行整合扩张。同时，由于不断有新的企业加入市场，市场的占有情况变化很快，如果是因为企业内部调整造成一定时间内市场的流失，重新培育市场就会变得极其困难。因此，装饰企业当前的主要问题不是如何做大，而是如何做强做专。

3)装饰工程生产周期短，生产要素简单，需要的管理人员较少

装饰工程的施工一般都在建筑工程施工的最后阶段，由于装饰工程规模相对较小，同时业主往往将最后工期的压力加在装饰公司身上，造成装饰工程施工周期缩短。一项装饰工程的周期平均在3～5个月，无法与土建工程动辄一年甚至几年的施工周期相提并论。

装饰工程施工现场分隔较细，不利于大型施工机具的展开，所以生产要素相对简单，机具只是一些简单的手提式电动工具，所涉及的材料种类虽然较多，但一般数量不大。项目周期短，项目管理人员相对土建工程人员数目较少。根据北京华盛有限公司(简称华盛公司)的情况，一个项目经理部包括“五大员”在内一般也只有七八个人。由于装饰公司项目同时开工的数量较多，所以往往需要大量的人才储备，但是如果在某一个时段开工数量不足，又会造成人力资源的浪费或项目管理人才的流失。

在这种情况下，装饰企业的规模要同其经营规模相适应，企业间简单的合并整合如果没有相应的市场规模，就会容易导致人力资源的浪费和企业效益的下降。

4)装饰企业设计投入大，设计管理困难

在国内目前的状况下，装饰设计完全依附于施工企业，施工企业为了完成施工任务，需要在设计上投入大量的资金，以一个1 000万元左右的装饰工程为例，业主往往会邀请十几家甚至更多的公司参与设计投标，平均每家公司在设计方案上的投入就达到十几万元，而且中标率很低，但如不参加设计投标又会失去施工投标的机会，并且设计中标单位又往往在施工投标中对设计费进行全部或部分的优惠，减少了施工的利润空间。为增加工程利润，施工企业又会采用压低设计费的方式，结果造成设计水平和设计现场服务水平的降低。相比之下，建筑设计与施工完全分开，对建筑设计单位而言，投标投入较小，又有保底费，竞争压力不大，而土建施工单位则完全没有设计费的负担。

由于装饰设计涉及的环节较少，需要配合的专业也不多，从事装饰设计的人员往往结成很小的组合，一般五六个人，几台电脑便能够完成一项装饰工程的设计任务。这种情况会导致设计师对公司缺乏归属感，为哪家施工企业服务便打哪家施工企业的牌子。同时，设计人员的流动性较大，往往一个设计人员一旦有了一定的设计能力和社会关系就立即从原先的设计组合中分离出去。这样，就会导致设计整合困难，公司虽然成立了多个设计室，但设计室之间缺乏交流和默契，因而无法在设计上形成规模优势。

5)专业化发展方向

根据发达国家和地区的先进发展经验，今后装饰企业应该进一步朝着专业化的方向发展，企业之间的整合应该在优势互补的前提下，在不同的企业之间形成

比较优势，达到共同扩大市场的目的，而不是简单的同类企业的合并。综上所述，改革开放以来，由于我国基本建设维持了高速增长，虽然我国建筑装饰行业基础较差，但行业从无到有得到了很大发展空间，涌现出一大批大型的装饰企业。随着市场的进一步饱和以及我国加入 WTO（World Trade Organization，即世界贸易组织），国外新的理念和企业对我国建筑装饰市场的冲击影响将进一步加大。国内装饰企业如何应对新的形势以及对企业的发展方向做出正确的战略调整，是我国建筑装饰行业从业者面临的重大问题。这个问题解决得不好，将严重影响到企业今后的发展。

2. 我国建筑装饰行业发展前景

经过 2008 年奥运前的一大批项目膨胀后，特别是在全球经济危机大形势下，室内设计和装修市场也不同程度地受到了一定影响，但一方面影响有限，另一方面公司也适时做出战略调整。

从整个行业来说，可从以下几方面看出前景乐观。

(1)奥运后北京新建项目少，但是装修改造项目多，并且多集中在企事业单位，这类项目资金状况良好。

(2)装修项目不同于土建项目，装修周期短，通常 3～5 月一个周期，因此是个常青的行业。

(3)根据国家政策对不同地区的倾斜，以及诸如世博会等各区域诸多因素，室内设计与装修在不同地区的某个时间会呈现繁荣景象。

华盛公司也根据实际情况和市场发展，立足北京，在天津、上海、南京、杭州、青岛等地设立分公司与办事处，面向全国发展。

(二)企业现状分析

1. 企业概况

华盛公司成立于 2000 年，注册资金为 2 007 万元，企业性质为企业法人。

截至 2008 年 12 月，华盛公司累计实现销售收入 2 054.38 万元，净利润 0.99 万元，资产总额 1 563.63 万元，负债总额 416.58 万元，资产负债率 26.6%，所有者权益 1 147.05 万元。

截至 2009 年 12 月，华盛公司累计完成销售收入 3 869.10 万元，实现净利润 2.65 万元，资产总额 2 815.23 万元，负债总额为 692.74 万元，资产负债率为 24.6%，所有者权益 2 122.49 万元。

2. 技术与产品

华盛公司的业务主要分为以下两部分。

(1)工装，包括酒店、饭店、写字楼、办公楼及公共建筑的室内外装饰。

(2)家装，包括普通住宅的装修及别墅的精装修，其中以精装修为主。

3. 企业竞争优势

(1)华盛公司具备装饰工程甲级资质，可以接各种工装及家装工程业务，经多年的积累已形成较为规范的管理及施工体系，并在顺义设立装修材料加工基地。

(2)华盛公司自成立以来，一直与北京国伟装饰工程有限公司、保利建设开发总公司及承达集团有限公司等公司合作。华盛公司通过与之开展互利双赢的合作，不仅为公司带来市场机会并使公司的业务管理水平得到较大幅度提高，而且使公司具有灵活的经营方式、新颖的设计方案及良好的工程质量和完备的售后的服务。

(3)华盛公司从2000年便开始经营装饰工程业务，积累了较为丰富的经营经验，其装修的工程项目质量在同行业中质量相对较好。

综上所述，华盛公司有专业的装修施工技术人员及有经验的营销团队，有较为稳定的装饰装修市场，今后还将不断整合自身已有资源和优势，加强挂靠业务的合作。

二、担保业务流程

1. 融资担保机构对企业的评估分析

华盛公司近年来一直是利用自有资金经营，直到2008年才开始尝试用银行贷款来达到杠杆效应，因此，其负债率保持在较低的水平，流动比率与速动比率高于行业标准，产权比率维持在较高水平，这表明所有者在产权方面拥有较高地位，综合分析认为企业偿债能力较好。

华盛公司属于装饰工程施工行业，行业毛利率一般为22%～33%，行业净利率一般维持在16.5%左右，华盛公司的毛利率为30.8%，净利率为26.4%，符合行业的盈利水平。

华盛公司主营业务为装饰装修，因此其结算是按工程结算，并按完工百分比法确认收入，主要看其应收账款的回收情况，华盛公司下游合作的客户为大型房地产开发公司，账款回收有保障，稳定的回款情况从另一个侧面表明华盛公司营运能力良好。

总体来说，华盛公司的偿债能力、盈利能力、营运能力各项财务指标都稳定在良好的范围内，工程回款较为稳定，发展比较稳健，财务状况良好。

2. 融资担保方案设计

(1)以李东拥有的房产抵押。

(2)以实际控制人李东提供个人无限连带责任担保。

房产均拥有独立的产权证，产权清晰可以独立处理。法定代表人李东承担无限连带责任。

综上，实物资产可以全部覆盖担保公司担保的风险敞口，实际控制人李东承担无限连带责任保证反担保可有效控制担保公司担保风险，落实第二还款来源。

三、风险控制

1. 市场风险

建筑装饰行业市场需求较为旺盛，随着经济的发展及城市化进程的加快，华盛公司装饰装修业务量有增无减。

2. 经营管理风险

华盛公司目前生产经营分工较为明确，管理也较为规范，设置了业务部、工程部、监理部等，部门分工明确具体，执行力较好。

3. 信用及道德风险

通过对华盛公司过往记录核实，其信用记录良好，华盛公司经过十多年的发展，市场影响力和品牌知名度日益扩大。华盛公司在行业内及融资银行的口碑良好，品牌优势凸显，现金流稳定且充足，同时由实际控制人李东提供个人无限连带责任保证反担保，李东本人拥有八级木匠职称，一直采用稳扎稳打管理公司的原则，同时采取谨慎稳健发展的态度，以有效降低信用及道德风险。

4. 抵(质)押物流动性的风险

抵(质)押物可变现能力较强，房产证产权清晰，变现能力较强。

5. 过程控制风险

(1)本次借款的反担保措施为房产抵押，反担保措施落实完毕后，允许华盛公司使用贷款。

(2)在贷款发放前要求华盛公司先偿还 2010 年 5 月 13 日到期的 100 万元贷款。

(3)在保后管理的过程中，核查资金的使用用途，严密的控制操作风险，同时对华盛公司经营管理情况及其资金回款情况进行关注。

(4)设定分期还款方案，按提款次数偿还，具体根据华盛公司的提款情况而定。

对企业进行信用调查，主要包括以下两方面内容。

(1)企业经营数据真实性的提取方式及核实，主要包括：①现场查阅各类登记证书原件、验资报告、公司章程、租赁合同、行业资质证书等原件；②现场检查企业人员状况、生产经营状况、经营场所、组织结构、经营团队是否真实；③现场查阅总账、明细账，抽查收入入账原始凭证，核对银行对账单、出入库单及购、销合同原件；④现场核实存货、固定资产、借款合同、担保合同及附属合同。

(2)反担保措施核实过程如下：①现场核实抵(质)押物的真实性、处置可行性、流动性；②核实反担保人保证能力的真实性、持续性、安全性。

四、项目评析

综上所述，华盛公司经营多年，现金流能保证本笔贷款的偿还，拟抵押资产能覆盖担保公司的担保风险敞口，已大大提高了华盛公司的借款违约成本，且华盛公司已拿出房产，反担保物较为充实，因此，担保公司同意为华盛公司提供500万元贷款担保。

➤案例二 北京金鑫化工有限公司抵押融资

一、背景

1. 企业概况

北京金鑫化工有限公司(简称金鑫公司)是一家成立于2005年的中外合资企业，是国内知名大学控股有限公司下属的天成股份的全资子公司。公司主要生产高分子助洗剂，并被所在的新技术产业开发试验区认定为新技术企业。公司投资方对公司有着严格的管理，公司运作正常，发展稳健，正处于成长期。金鑫公司已成立了四个事业部，分别从事日用化工、精细化工、生物及医药化工、高分子科学领域的研究、开发、产业化工作和技术服务，并已建起两座现代化的工厂，分别生产NVP、PVP系列产品和S系列超强助洗剂。

2. 技术与产品

金鑫公司的主要产品为高分子助洗剂系列产品及造纸用液体荧光增白剂。其产品主要面向国内大中型洗涤剂生产厂及造纸厂，采用直销方式。2007年时金鑫公司已建立起稳定的销售渠道和专业的营销队伍，系列产品的市场份额约占全国市场的40%。金鑫公司的日用化工事业部专门从事合成洗涤剂及其原料、助剂的研究、开发和生产，在积极推广无磷助洗剂的同时，该部利用公司生产的S系列助洗剂，在××大学化工系的支持下，组织多位专家教授成功开发出去污力极强且其他各项指标均符合国家或行业标准要求的Ⅰ、Ⅱ型无磷洗衣粉和液体无磷洗涤剂，而其原材料成本却极低。此外，该部还开发出性能优异的稠油清洗剂、宾馆用洗涤剂、洛液、香波、餐洗剂及工业用液体洗涤剂等一系列产品。

3. 企业竞争优势

金鑫公司拥有一支引以为豪的高水平的研究队伍和具有丰富工业实践经验的工程技术人员队伍，拥有国内一流水准的实验室，具有深厚的技术开发和发展潜力。产品质量也达到国外同类产品的水平，同时售价却比进口产品低许多。此外，金鑫公司结合自身的生产能力发展了一批国内客户，并与客户建立了广泛的商业联系。

二、担保业务流程

1. 融资担保机构对企业的评估分析

1)信用状况

金鑫公司已归还 ZHSH 银行 37 万元贷款。商业银行 SHX 支行贷款将于担保申请年份 8 月到期。截至担保公司调查报告之日，公司银行账上资金较多，具有还贷能力。通过实地考察，公司上一笔商业银行贷款已产生良好效果，已如贷款预期使公司 FBL 产品的月生产能力从 50 吨提高到 100 吨。

2)其他信用

通过担保企业的调查，金鑫公司无拖欠材料款记录、无拖欠工资情况等记录。

3)财务状况

经过对财务资料的审查，金鑫公司财务资料真实可信，真实地反映了公司的财务状况。因为金鑫公司几年来发展平稳，并结合精细化工行业发展的特点，可以认为金鑫公司未来一年的现金流入及现金流出情况将保持稳定发展，在不考虑本次贷款对公司现金流量影响以及应收账款回收等不可预测的情况下，预测公司以后年度的净现金流量大约为 25 万元。

2. 融资担保方案设计

金鑫公司拟向担保公司申请贷款 200 万元，贷款期限为一年。拟贷款的银行为金鑫公司有一笔即将到期贷款的银行，即商业银行某支行。其中，金鑫公司本次贷款主要用于以下两方面。

(1)继续拓展液体荧光增白剂市场，由现在的销售水平提高到 20%～50%，约需追加流动资金 100 万～150 万元。

(2)新产品陆续进入试产试销阶段，约需追加流动资金 50 万元。

公司用销售回款作为还款主要来源。

三、风险控制

1. 反担保措施的落实

1)股权质押

投资方天成股份有限公司将要上市，并且其股权质押需经董事会批准，实际操作会有相当困难。

2)无形资产抵押

金鑫公司的无形资产没有取得专利权，不宜作为反担保措施。

3)固定资产抵押

金鑫公司固定资产账面净值资产变现能力差，但总值高，在没有更好的反担保措施的情况下，可以作为抵押物。

抵、质押资产情况(截至 2007 年 3 月 31 日)，其中固定资产情况如表 2.1 所示。

表 2.1　固定资产情况(单位：万元)

名称	原值	折旧	净值
通用设备	392.0	37.3	354.7
电子设备	19.5	6.2	13.3
专用设备	24.2	4.5	19.7
运输设备	93.9	46.4	47.5
合计	529.6	94.4	435.2

2. 监管建议

建议落实监管措施，及时了解企业产品的销售情况和新产品的开发、研制情况，长期跟踪，建立良好合作关系。

四、项目评析

金鑫公司作为一家新技术企业，无论是从研究能力还是产品的先进性，公司通过"产研"结合的模式在国内具有一定的竞争优势，且公司正常经营无不良信用记录，具有开发新技术、增强销售能力的意愿。截至贷款申请之日，公司已成立 9 年，在国内的市场占有率较高并且较为稳定。

通过对金鑫公司现金流量的分析，结合其本次申贷金额，可以发现金鑫公司有足够的资金用于上述计划。同时，金鑫公司本无太大资金缺口，即使发生资金短缺，也可通过企业间短期借款解决。金鑫公司本次贷款有其他目的，即通过以前及本次贷款，与银行及担保公司建立合作及信用关系，为公司将来新产品的大规模研发及产业化做准备。

➤案例三　北京智创电子技术有限责任公司抵押融资

一、背景

1. 企业概况

北京智创电子技术有限责任公司(简称智创公司)，是由李某、张某投资，共同组建的有限责任公司。公司于 2006 年 12 月成立，经营范围包括技术开发、技术咨询、技术服务，以及销售开发后的产品、医疗器材、电信器材、化工设备、计算机软硬件及外围设备、机械电器设备、仪器仪表、建筑材料。

从公司股权结构来看，张某、李某各出资一半。公司成立初期注册资本为50万元。2009年7月，二人各自出资225万元增加注册资本至500万元。

2009年后，智创公司股权变动后股东共有6家，分别是北京新光维电子技术有限责任公司、北京新城企业管理顾问有限公司、北京经纬网络技术有限责任公司、北京志新通信技术研究所、北京鼎龙科贸有限公司、深圳市卓展实业发展有限公司。至2010年10月31日，智创公司净资产账面值为1 814万元，经ZHC会计咨询公司评估，其评估价值为2 055万元。智创公司主要依据该评估值进行改制，改制目的是适应上市的要求，但并无进一步扩股计划，扩股资金来源是张某、李某个人原用于投资其他项目的个人资产，该来源二人未披露。

为适应未来上市的要求，智创公司在市政府的支持下依照净资产折股的方法进行股份制改造。股份制改造后智创公司计划股权结构如表2.2所示。

表2.2　智创公司计划股权结构

股东名称	法定代表人	注册资本/万元	占公司股份比例/%
北京新光维电子技术有限责任公司	张某	2 500	57.33
北京新城企业管理顾问有限公司	周某	830	20
北京经纬网络技术有限责任公司	王某	830	20
北京志新通信技术研究所	陈某	50	1
北京鼎龙科贸有限公司	吴某	100	1
深圳市卓展实业发展有限公司	娄某	800	0.67

智创公司已向北京市工商行政管理局提出申请，并已在2014年7月完成股份制改造且取得了股份有限公司企业法人营业执照。公司名称变更为北京智创科技股份有限公司。

其中，北京新光维电子技术有限责任公司原注册资本为100万元，法人代表为张某，仍由张某、李某分别占有其股份的50%。改制后其注册资本变更为2 500万元。至此，北京新光维电子技术有限责任公司已占有智创公司60%股权。北京新光维电子技术有限责任公司将注册资本增为2 500万元的原因是：下一步将其拥有的公司股权拿出成立北京智创科技股份有限公司时，其对外投资没有超过其净资产的50%。在此项改制操作中，不采用股权转让的原因是股权转让须交税。

智创公司法定代表人为张某，男，38岁，大学学历，工作经验丰富，曾先后就职于多个单位，工作十分出色，之后自己创业，成立北京智创电子技术有限责任公司。

智创公司股东、技术总监李某是中国电信网专家。

智创公司财务总监李某曾在证券公司工作，熟悉企业上市操作。

2. 技术与产品

智创公司产品为电信网测试测量仪器仪表、电信网集中监测系统、电信网网管监控系统三大类产品。公司销售采用直销方式，客户均为国内各省市电信局。

3. 企业竞争优势

智创公司已开发出GSM信令网集中监控系统项目及数据通信网综合测试仪两项技术，在技术方面具有优势。该公司盈利能力高，极有活力及竞争实力，管理规范有力，企业正在健康成长。

二、担保业务流程

1. 融资担保机构对企业的评估分析

1)员工薪酬情况

智创公司正处于成长期，公司执行低工资的政策，公司员工工资水平不高。为了保持公司员工队伍，特别是核心研究及管理人员的稳定性，公司承诺未来公司上市后公司正式员工都将根据对公司贡献的大小得到相应的股权，并且公司已将公司大楼两层辟为宿舍区，向员工免费提供。

在实地考察中，担保公司未发现智创公司有拖欠工资现象。

2)信用情况

担保公司通过对智创公司信用情况的分析，发现公司并无拖欠材料款记录、无拖欠工资情况及其他不良记录。

3)财务状况

(1)会计制度及组织情况。智创公司执行工业企业会计制度，有专职人员负责账务的处理，凭证处理较为规范。ZQ会计师事务所对智创公司2010年1月至2011年4月的财务情况进行了审计，出具了审计报告。公司申请担保材料中提供的财务数据为公司按上市公司财务要求经审计调整后的数据，公司尚未根据审计意见进行调账。公司采用电算化记账。

经过审查，我们认为公司的财务数据真实，具有较高的可信度。公司的会计处理较为规范，会计制度及组织情况被认定为可接受的程度。

(2)近年财务状况。智创公司2009年、2010年、2011年1～4月完成销售收入大体相当，已具有相对的可比性，以下分析只从完成单位销售收入引起相关项目的变化来考虑。经过分析，我们认为智创公司的销售收入—成本及费用、销售收入—资产增加之间保持着良好的对应关系。销售收入增加，公司的成本及销售费用呈稳定的递减状态，管理费用也于2011年开始降低，利润稳步增长；销售收入增加，资产总额也呈现健康增长状态。

智创公司销售成本大幅降低的原因是：公司已于2009年开始将其主营业务从仪表销售转至工程建设，工程建设成本相对较低。担保公司认为智创公司2011年度管理费用比2010年度有大幅增加。其原因为：随着公司业务的增长，规模的扩大，公司的先期投入多，如人员增加、租用更大的办公及生产场地、研发投入增加、工程增多、工程差旅费增加等。因此，担保公司认为公司管理费用增加是十分正常合理的，并且大部分的投入为公司未来的发展打下了良好的基础。

2012年5月，智创公司实现销售收入100多万元；6月实现销售收入近300万元，补贴收入70多万元。

根据智创公司的财务情况，对公司进行打分，如表2.3所示。

表2.3 智创公司财务情况

项目	偿债能力	赢利能力	发展能力	总分
标准得分	50	35	15	100
实际得分	34.4	35	15	84.4

4)企业准备上市情况

智创公司准备在深圳中小企业板上市，股本全部可上市流通，公司具有很好的成长性。如果运营规范，有很好的投资机会，未来还有增发股票获得新的资金的能力。

智创公司的股份制改造及上市申请均已按照主板要求运作，并通过“双高”认证。企业改制后由券商辅导一年，一年后由地方证券监管办公室验收，验收合格后即可按照上市程序准备材料。智创公司正全力准备未来的中小板上市事宜。

2. 融资担保方案设计

1)确定担保方案

智创公司申请担保情况如表2.4所示。

表2.4 智创公司申请担保情况

贷款金额	贷款期限	拟贷款的银行	贷款计划用途	还款来源	企业承诺的反担保措施
1 500万元	一年	未定贷款银行	GSM信令网集中监控系统项目、数据通信网综合测试仪	公司现有经营项目的盈利	房产抵押、优先认股权(待定)

经实地考察，担保公司认为智创公司是已处于成长期的有自主知识产权开发能力的技术创新型企业，盈利能力高，极有活力及竞争实力，管理规范有力，企业正在健康成长，是担保公司应该重点扶持的对象。担保公司认为可以向智创公司提供一年期1 500万元流动资金贷款担保。

2)反担保方案设计

根据智创公司的实际情况，担保公司认为只能采用单一的反担保方案，即以公司 XGB 大厦七层的房产做抵押。此外，向公司提出以将来的优先认股权作为回报，具体认股数量及价格未确定。

3)监管建议

智创公司计划将贷款全部用于 GSM 信令网集中监控系统项目、数据通信网综合测试仪的研究开发。经了解，上述两个项目在一年的贷款期内，不会产生任何收益。因此，担保公司建议在监管过程中，应每月重点考察智创公司的收入及现金流量，并且在贷款期结束前 2～3 个月，协助智创公司做好偿还贷款的准备工作。

三、风险控制

1. 企业现金流预测

其中，对销售商品、提供劳务及技术服务收到的现金进行分析可以得到：2011 年第三、第四季度的数据主要根据未执行完的和已订立的合同进度得出；2012 年第一、第二季度的数据主要根据已有意向、协议，并且取得合同把握较大的项目得出。智创公司现主要做工程项目，一般工程项目收款为 2、6、2，即订金 20%，项目进行时收款 60%，初验及终验后再收回 20%的尾款。一般每年第一季度为公司收款高峰。

对其他主要项目，如收到的租金、经营租赁所支付的现金、购买固定资产支出、权益性投资支付的现金，以及购买商品、接受劳务和技术服务支付的现金都较为真实可靠，担保公司认为智创公司对贷款期内的总体现金流量预测建立在谨慎性原则的基础上，预测可信。在公司业务正常发展的情况下，公司具有偿还贷款的能力。

2. 贷款的目的

因其竞争对手正开展 GSM 信令网集中监控系统项目及数据通信网综合测试仪的技术开发。智创公司已开发出上述两项技术，具有优势，为保持此技术优势，智创公司需将这两项技术产业化并推向市场。智创公司目前正与其老客户某电信运营商洽谈上述两个项目的实施。

3. 可抵押资产情况

智创公司拟将其购买的 XGB 大厦七层的房产作为抵押物。经了解，该房产现仍归原产权方 XGB 房地产开发经营公司所有，该购买合同标的为 1 100 万元，公司已支付 808 万元。因实测面积比图纸小 40 平方米，公司正与海淀区房地产开发经营公司协商，故未支付其余购房款。

4. 反担保方案设计

根据智创公司的实际情况，我们认为只能采用单一的反担保方案，即以公司

XGB 大厦七层的房产作抵押。但该反担保方案标的价值与公司贷款金额差距较大。由于公司成长性良好，已通过“双高”认证，且已于 2011 年 6 月 9 日收到中国证监会发文(内容为辅导一年后可执行上市发行程序)，有希望上二板市场，我们已向智创公司提出以将来的优先认股权作为回报，具体认股数量及价格未确定。

四、项目评析

担保公司认为智创公司是已处于成长期的有自主知识产权开发能力的技术创新型企业，盈利能力高，极有活力及竞争实力，管理规范有力，企业正在健康成长，是政府重点扶持的对象。担保公司同意向智创公司提供一年期 1 500 万元流动资金贷款担保。

第三节　固定资产抵押模式案例分析

案例一的反担保措施为：以房产作为抵押，以实际控制人提供个人无限连带责任担保。

案例二的反担保措施为：股权质押，投资方天成股份有限公司将要上市，并且其股权质押需经董事会批准，实际操作会有相当困难；无形资产抵押，金鑫公司的无形资产没有取得专利权，不宜作为反担保措施；固定资产抵押，金鑫公司固定资产账面净值资产变现能力差，但总值高，在没有更好的反担保措施的情况下，可以作为抵押物。

案例三的反担保措施为：根据智创公司的实际情况，担保公司认为只能采用单一的反担保方案，即以公司 XGB 大厦七层的房产做抵押。此外，向公司提出以将来的优先认股权作为回报，具体认股数量及价格未确定。

以上三个案例均为科技型中小企业，案例一和案例三都是以固定资产抵押为主，虽然案例二不是以固定资产抵押为主，但是案例中确实也涉及了固定资产。

(1)案例一和案例三中都是以住宅和土地作为主要的担保形式，那么建筑物作为抵押物有哪些局限呢?

建筑物抵押属不动产抵押，依据“地随房走”和“房随地走”的原则，建筑物占有范围内的土地使用权同时被抵押(张援，2001)。建筑物作为抵押物在操作上存在的主要问题是一些地区对抵押规定的登记部门较乱，如有的规定在土地管理部门和房地产管理部门分别登记，有的规定在房产管理部门登记，有的规定在房地产交易市场登记，有的规定在工商管理部门或公证部门登记等。而且重新估价的抵押品，还要请专门机构进行估价，需要办理财产保险或更改保险受益人、办理公证等，以上各项手续缺一不可。

此外，抵押登记的周期过长(张援，2001)。例如，我国要进行一项国有资产的抵押，首先要经过国有资产管理部门批准，然后经资产评估事务所评估(且评估报告的有效期只有一年)，最后到房产管理部门办理抵押登记，办理保险等。如果各部门间协调不好，就会影响效率。

(2)案例二中提到在没有更好的反担保措施之前，可以考虑固定资产抵押，案例三中反担保只有公司大厦七层，突出了反担保措施的局限性，那么反担保具体有哪些局限性呢?

第一，企业可作为抵(质)押的资产有限。银行在贷款操作中，往住要求贷款者提供足值且有效的抵(质)押，并且所有权明晰且无争议，能够快捷低成本地实现物权转化成现金，易于占有且控制，能够经久储存，价格稳定、易于评估等。企业的资产中符合银行要求的抵押品不多，抵押品的范围较窄，集体土地不能进行抵押，集资房和自建房不能进行抵押，于是往住集中在房屋、土地和车辆等方面质押上，股票、债券、存单质押的业务不常见，专利质押更是难以操作。

第二，反担保抵(质)押品往往是银行选择后剩余的。一般情况下，企业若能提供足值有效的抵(质)押品，就可以直接从银行进行借款，没有必要再绕弯子找担保公司，增加环节，增添费用。企业之所以有求于担保机构，往往正是因为抵(质)押品不足。在实践中，一些企业便于抵押的资产均已抵押给银行，剩下的一般是银行不愿接受的抵押品。

第三，反担保措施真正在弥补代偿损失方面作用有限。反担保的保证人与债务人往往存在不同程度的经济利益关系，对保证人缺乏约束机制，保证反担保难免形同虚设。对抵押品的处置手续复杂，困难重重，诉讼费用、拍卖费用及相关税费高昂，耗时、耗力，加上法律制度不完善、执法不严，抵押物市场未发育成熟，必将影响抵押物的变现以及小型/微型企业担保基金运作(胥清和杨蓓，2011)。

第四，企业仅有反担保措施是不够的。银行推行担保贷款多年，不良资产比重仍然居高不下。银行往往不能仅仅因有抵(质)押就决定放贷，同样，担保机构也不能仅仅依赖反担保措施就为企业进行担保。代偿担保机构不是物资收购站，担保机构的目标是促进还款减少代偿，而不是占有抵押物，担保业务必须要与典当业务区分开来。

第五，企业对反担保措施缺乏理解，只有在少数情况下，银行才可以发放信用贷款，要求借款人提供担保是银行信贷工作中最常见的方式，并已得到社会的普遍认可(胥清和杨蓓，2011)。担保机构要求企业提供反担保，是企业取得担保机构信任的措施之一，本来无可厚非，但目前却远未得到企业的理解。企业普遍对反担保的概念不清楚，不理解“为什么需要提供反担保”这一要求，觉得手续程序繁杂，有的甚至认为担保机构条件苛刻，一味地加重对债务人的约束，恐怕也会丢失一些潜在客户。

(3)固定资产作为反担保方式时，应该特别注意其法律效力，除了固定资产外，其他反担保措施也应该注意其法律效力，那么不具法律效力的资产、单据都包括什么?

无法律效力的资产、单据担保及抵押，造成担保公司无法运用法律手段收回本息(刘斌和曹夏生，1992)。所谓无法律效力的资产，一是指贷款借据虽注明“房屋”“××固定资产”“存款”“其他物品”担保、抵押，但没有办理任何担保、抵押手续，即担保、抵押合同和担保、抵押物明细清单。更没有公证人出具证明或需要银行保管，封存的物品均没有按手续办理。特别是借据上由银行人员填写的担保、抵押字据，其资产更无法律效力。二是担保、抵押物的所有权不归借款人所有或一人所有。所谓无法律效力的单据，一是指过期单据。二是指破产、倒闭企业的单据。三是指未经出具单据企业认可的单据。四是指本身就是无效单据。

(4)从以上几个案例中总结，反担保同担保相比具有以下显著特点。

第一，担保对象不同。担保的担保对象是主合同对债务人的债权，反担保的担保对象则是担保人对被担保人(债务人)的追偿权(黄永强，2000)。担保人向债务人追偿损失的债权在发生原因、主体及范围等方面，均有别于主合同债权人的债权。担保对象上的特点为反担保的最基本特点，其不仅决定了反担保与担保的根本区别，也决定了反担保的其他特点。

第二，当事人不同。担保合同的当事人因担保方式及担保人的不同而有所不同，在由债务人自己充当担保人的抵(质)押担保中，担保合同的当事人均为债权人与债务人(黄永强，2000)。而在债务人之外的第三人充当担保的保证、抵(质)押担保中，担保合同的当事人为债权人与担保人或是债权人、债务人和担保人。

反担保合同的双方当事人亦是债权人与担保人，反担保合同的债权人是在本担保中为债务人提供担保，并对债务人享有追偿权的担保人，即本担保人，反担保合同的担保人(即反担保人)既可以由债务人自己充当，也可以由债务人以外的第三者充当，反担保人只对担保人负有义务，对主债务是否能够清偿不负担任何义务。

第三，反担保的从属性与补充性有特殊的表现。反担保也是担保，因而也具有担保所固有的从属性与补充性，但是此二性在反担保中具有特殊的表现(黄永强，2000)。反担保合同从属于担保人与债权人间的担保合同，反担保的成立、效力、变更、解除等，并不直接决定于债权人与债务人的主合同(但主合同对反担保合同有间接影响)，而是决定于担保合同。同样，反担保责任的补充性也不是相对于主合同债务人不履行责任而言，而是指担保人在取得对债务人的追偿权后，债务人不对担保人损失履行清偿义务时，提供反担保方负代为清偿的责任。这一特点决定了反担保责任的构成要件、责任范围等与担保有所不同。

第三章 流动资产抵押模式研究

第一节　流动资产抵押模式概述

第二章介绍到，担保公司认可的反担保形式包括第三方连带责任、流动资产(current assets)、固定资产和无形资产。

一、流动资产概念

流动资产是指企业可以在一年或者超过一年的一个营业周期内变现或者运用的资产，是企业资产中必不可少的组成部分。流动资产在周转过渡中，从货币形态开始，依次改变其形态，最后又回到货币形态(货币资金→储备资金、固定资金→生产资金→成品资金→货币资金)，各种形态的资金与生产流通紧密相结合，周转速度快，则变现能力强。加强对流动资产业务的审计，有利于确定流动资产业务的合法性、合规性，有利于检查流动资产业务账务处理的正确性，揭露其存在的弊端，提高流动资产的使用效益。

二、流动资产包含的内容

流动资产的内容包括货币资金、短期投资、应收账款、应收票据和存货等。由于各项目的特点不同，应根据各自不同的要求，分别进行审查。

在实物形态上，流动资产基本体现为各部门及居民的物资储备。

(1)处于生产和消费准备状态的流动资产，包括生产单位储备的生产资料和消费部门及居民储备的消费品。

(2)处于待售状态的流动资产，是指生产部门和流通部门库存尚未出售的消费品储备和生产资料及国家储藏的后备性物资。

(3)处于生产过程中的流动资产，是指生产单位的在制品及半成品储备。

流动资产按照流动性大小可分为速动资产和非速动资产。

(1)速动资产是指在很短时间内可以变现的流动资产，如货币资金、各种应收款和交易性金融资产。

(2)非速动资产包括存货、待摊费用、预付款、一年内到期的非流动资产以及其他流动资产。

三、流动资产的特点

(1)流动资产占用形态具有变动性。

(2)流动资产占用数量具有波动性。

(3)流动资产循环与生产周期具有一致性。

(4)流动资产的来源具有灵活多样性。

四、流动资产的评估

上面介绍到流动资产具有种类多、灵活多样性等特点，流动资产的评估往往要根据不同企业的生产经营特点，在评估过程中分清主次，分清重点和一般。同时，评估时要考虑评估的时间要求和评估成本，通常把流动资产划分为四类进行评估，即债券类、货币资金类、实物类、其他资产(待摊及递延流动资产)。流动资产评估是以单项资产为评估对象，要考虑是否涉及产权变动，确定评估对象是否具有法律权属。由于流动资产评估是比较典型的单项资产评估，因此暗含资产评估方法不能使用收益现值法，因为单项资产评估不需要就其综合获利能力进行综合性价值评估，从而预期的收益很难量化到每一件产品或者具体到每一千克原材料当中，对于盘点当中出现的盘盈情况要鉴定是否是账外资产，当法律权属不明时，所得到的评估结果必将引起很大的争议。

第二节 流动资产抵押模式案例

➤ 案例一 北京玉玲珑科技发展有限公司流动资产抵押案例

一、背景

(一)行业现状分析

随着国家经济的不断发展，人们的消费能力逐渐增强。另外，大型企业商业促销活动需要大量的礼品，国家机关、企事业单位每年的福利用品也极大地刺激了礼品市场，使得在近十年来礼品行业迅速发展。

从行业整体来看，近十年间，礼品行业得到了快速发展，2009 年生产厂家约有 1 万家，销售企业约有 10 万家，国内市场总规模约为 2 000 亿元，其中 50%的份额由实力雄厚的品牌生产性公司占领，余下的 50%由礼品行业的上、中、下游礼品公司占领，呈现出典型的大行业小企业的特点。

礼品行业进入壁垒低，市场竞争激烈，属于典型的原子型产业，处于行业发展的初级阶段，发展空间很大，2009 年以后行业年增长率达到 10%。作为行业知名品牌的北京玉玲珑科技发展有限公司(简称玉玲珑公司)，2008 年和 2009 年平均增长率近 25%，市场增长空间很大。

近几年的分析表明，整个礼品产品趋势都不断朝实用与功能性发展，礼品范围也由传统的烟酒、工艺品向家居用品、生活休闲产品、小家电产品转变。随着礼品行业竞争的日益激烈，更多的厂家已经从单纯的产品出售者逐步转变为生活方案的提供者，即为自己的最终消费者提供生活方式的解决方案。消费升级造就了市场，高端产品将更多地出现并瓜分原有市场版图。行业整体将走向高端多元，更多附加值将被注入产品，避免行业内原有的仿冒、低价、同质等低端竞争。

玉玲珑公司在这种背景下，决心抓住机遇，迅速扩大企业规模，抢占行业制高点，为此制定了公司的一系列目标。近期目标：①加强品牌建设，进一步提高品牌在行业内的知名度和美誉度；②在产品研发方向上加大创新和创造力度；③全方位实施大客户营销策略；④整合公司内部和外部资源，强化预算管理和绩效管理。

(二)企业现状分析

1. 企业概况

玉玲珑公司主要从事健康家居、户外运动、生活馆系列等礼赠品的销售。其目标客户包括：①大客户，主要为中国 500 强和世界 500 强公司(作为促销赠品)；②团购户，主要为国内机关、团体、企事业单位(作为纪念品、礼品和福利品等)。

2009 年玉玲珑公司的“YL”商标曾被认定为北京市著名商标。玉玲珑公司曾获“第 6 届亚冬会贡献单位”、“百佳礼品企业”、北京市自主创新卓越品牌奖、“中国礼品行业十大最具影响力企业”品牌之首等荣誉。

玉玲珑公司生产采用 OEM(original equipment manufacturer，即定点生产)方式，供应商集中在江浙地区传统纺织工业城市，已经与 10 余家供应商建立了核心型的协作关系，与 20 多家供应商建立了紧密型的合作关系，并取得了大多数供应商的资金扶持和信息支持。供应商一般给予合同订单总额 10%～20%的信用支持额度。

玉玲珑公司销售主要采用大客户战略和区域代理分销模式，2009 年在全国已建立 51 家一级代理商，这些一级代理商共发展了大约 1 500 家特约经销商，2 500 家普通经销商。玉玲珑公司已与多个大客户签订供应合同。

2. 技术与产品

玉玲珑公司的产品可归为以下四类：蚕丝被系列、竹纤维系列、家居家纺系列、夏凉席系列等多种产品；懒汉锅等其他科技创新小家电；保鲜盒、运动杯等塑料制品；收藏和纪念意义的文化类产品。

产品销售具有明显的季节性，全年有两个销售旺季，分别是 5～6 月和 11 月至次年 1 月。

3. 企业竞争优势

1)品牌优势

“YL”品牌是礼品行业知名品牌，被评为北京市著名商标。蚕丝被的生产销售在北京地区占主导地位。

2)渠道优势

玉玲珑公司一直致力于渠道建设，在行业内开创“会务营销”先河。自 2002 年以来，召开各种产品推介会、营销学术交流会、营销理念推广会等近 200 场，投入近千万元。2004 年与国内顶尖的营销管理咨询机构“派力营销”合作，对公司进行营销体系的调整和流程再造。派力公司对玉玲珑公司核心竞争力的评价是“品牌感召”“会务营销”“情感营销”。玉玲珑公司在 2009 年建立了 51 家一级代理商，代理商下设 1 500 多家特约经销商，销售业绩稳步提升。同时，玉玲珑公司极力倡导“情感营销”，保持与渠道各客户深入的情感交流与维护，与每一位客户交朋友，做到彼此沟通无障碍、情感零距离。

3)研发优势

作为第一家把蚕丝被等系列家居用品导入礼品行业的公司，玉玲珑公司在产品研发上不断加大投入，每年都有几十款上百个系列的新品面市，杭州研发中心将使公司的研发能力提升到一个新高度。

4)供货优势

多年合作，使玉玲珑公司与供应商保持了良好的合作，得到供应商的高度信任，供货及时快速，质量稳定，成本低。

5)企业文化建设优势

玉玲珑公司一直致力于公司文化建设，目前已自办《玉玲珑之家》、集团内部刊物《玉玲珑报》，并投资主办行业杂志《礼赢天下》。在 2006 年 9 月，提炼并整理出公司文化的“116”精神(1 个企业精神、1 个行为准则、6 个核心理念)。

二、担保业务流程

1. 融资担保机构对企业的评估分析

1)公司偿债能力、盈利能力和营运能力分析

玉玲珑公司资产负债率和流动比率均保持在合理水平，这是由礼品行业的经营特点决定的。玉玲珑公司的毛利率比较稳定，存货和应收账款水平呈现出季节性波动的特点，节假日是礼品行业的销售旺季，因此节假日前必须备足充足存货，节假日后则是应收账款高峰期。

2)财务状况简要评价

玉玲珑公司为了扩大销售分别在以下三个方面增加投入：①增加库存，通过借款解决资金问题；②建立苏州中心，强化创新设计等核心竞争力，近年来费用支出较大；③纵向一体化，投资天成丝绸(生产蚕丝被等)，对其的投资在长期投资中体现。从财务状况来看，以上三方面战略变化均有所体现。从经营成果来看，公司战略转型基本达到预期目标。销售收入两年内增长 30%，资产规模增加 68%，企业规模逐步扩大。天成丝绸建成后，其成为玉玲珑公司第一大供应商，实现纵向一体化的战略目标，并且天成丝绸自身发展平稳，未影响公司的正常经营及现金流量。

2. 融资担保方案设计

1)借款原因

用于补充玉玲珑公司的流动资金，因玉玲珑公司在 2009 年实现销售约 1.37 亿元的基础上，2010 年销售目标提高到 1.5 亿元，在营运能力不变的前提下，需增加营运资金 400 万元，具体用于为行业大客户订单垫支采购成本、业务拓展及销售渠道建设。

2)还款来源

玉玲珑公司注册资本为 1 000 万元，该笔个人经营性借款在合同中明确约定用于玉玲珑公司的经营，同时约定还款来源是玉玲珑公司的营业收入。担保公司要求针对该借款出具股东会决议，从而在法律上保证该笔个人经营性借款的还款来源的合法性。

玉玲珑公司 2009 年实现销售收入 1.37 亿元，2010 年预计全年销售收入与 2009 年持平。2009 年至 2010 年 4 月的月均现金流入量在 1 000 万元左右，扩大销售后，现金流入量会有所增加，还款有保障。

3)反担保方案

玉玲珑公司的反担保方案见表 3.1。

表 3.1 玉玲珑公司的反担保方案

反担保方式的选择	价值/万元	抵押率/%	抵押价值/万元	操作程序
北京玉玲珑家居用品有限公司存货滚动抵押	750(原值)	50	375	1. 工商局办理滚动抵押登记； 2. 办理强制执行公证； 3. 签订存货委托销售合同； 4. 担保公司随时通过网络查询库存变动和实时库存
北京天晟科技发展有限公司和湖北天成丝绸纺织有限公司连带责任担保				
彭昊提供个人无限连带责任保证担保				
彭钧提供个人无限连带责任保证担保				

三、风险控制

1. 信用及道德风险评价

借款人彭昊具有极好的社会声誉，同时，从2008年和2009年的还款情况来看，玉玲珑公司均能积极主动地在贷款到期前还款，并且彭昊及彭钧均需对借款承担无限连带责任，信用及道德风险较低。

2. 市场风险及经营管理风险

从经营业绩的角度来看，自2006年年末，玉玲珑公司通过担保公司向北京银行借款1 000万元后，年销售额扩大50%，资产规模扩大一倍，整体经营状况发展良好。从经营模式来看，玉玲珑公司自身将低附加值的加工外包出去，减少长期投资；而其自身着力进行产品设计和研发，该战略部署符合礼品行业新、奇、特的要求，有利于稳固其核心竞争力；在营销方面，经过多年的渠道建设玉玲珑公司已经拥有4 000多家经销商，强大的销售网络遍布全国各个省市，在其自身销售人员能力培养方面亦领先于整个行业，“YL”等品牌的知名度也为其销售业绩提供保证。在上、下游结算方面，由于玉玲珑公司多年来珍视自身信誉，从未发生长期拖欠款项的行为，其依靠自身信用开具的商业汇票已得到大多数供应商认可，并可在小范围内流通；由于“YL”产品的市场认可度较强，经销商在购入货物时均需支付一定的预付款；这样玉玲珑公司在资金结算方面有主动权。

3. 抵(质)押物流动性风险

主要反担保措施为存货抵押登记，玉玲珑公司的产品主要是家居和休闲产品，由于注重产品的研发，倡导礼品行业从单纯的产品出售者向生活方案的提供者转变，其产品处于同类产品的中高端，因此存货的变现能力较强。抵押存货的平均成本单价450元，平均销售单价为1 000元，抵押价值(按成本价计)750万元，玉玲珑公司产品销售毛利率将近50%，通过折算，750万元存货折算市场售价约1 500万元，实际抵押率仅为25%。玉玲珑公司在北京等地大型商场均有专柜，产品通用性较强，通过签订委托销售合同，在违约时取得销售权，产品能够及时变现，流动性风险较低。

4. 过程控制风险

采用存货滚动抵押登记，并进行强制执行公证，同时取得存货销售权，可有效减少担保公司风险。而且，玉玲珑现有的库存系统可使担保公司能够通过互联网实时查看库存及变动情况，使担保公司能及时发现并制止风险扩大。

➤案例二　北京日盛草业科技发展中心流动资产抵押案例

一、背景

(一)行业现状分析

草业在我国是一项新兴的产业，其产值仅仅相当于澳大利亚的十分之一，美国的二十分之一，荷兰的五十分之一。许多发达国家的草业产值已占农业总产值的50%以上，有的甚至高达80%，而我国只有10%左右。草业产业化将会成为我国未来一个新的经济增长点。草业包括三个基本的子产业，即草坪业、草地畜牧业、饲草业。随着环保、城建、体育、园林、度假、水土保持等事业的深入，我国草坪业有了飞速发展。2005年，我国百万以上人口的城市人均绿地面积不足4平方米，离人均30～40平方米的国际标准还很远，而发展草坪业可带动一系列相关产业的发展。我国的人工草地建设、草原改良、草坪工程、生态治理等，每年需草籽15万吨左右，但是国内基本没有选育机构，所以90%以上依靠进口。据统计，从80年代中期到90年代末期，我国用于草坪建设的草籽进口量增长了250倍，2005年优质草种的进口量仍以每年80%左右的速度增长。专家估算，今后草坪在我国至少将以每年30%～50%的速度递增。仅草种一项就可以形成年25万～30万吨的市场潜力。

欧美和澳大利亚等一些国家一直以来对草业十分重视，将其看做“绿色黄金”，澳大利亚更是称其为“立国之本”。美国草坪业的年产值在2005年已高达250亿美元，并以18%的年均速度递增，并未因经济衰退而造成停滞。美国20世纪90年代已拥有草坪2亿公顷，包括5 000多万块草坪，6 442个草坪公园，1.5万个高尔夫球场。美国户均拥有草坪800平方米，草坪业成为与电子技术、航天技术、生物技术等并列的10大支柱产业之一。

草坪具有调湿、调温、降低空气污染、降低城市噪声、防止泥土上路和水土冲刷等特殊的功能，在城市的环境绿化中扮演着非常重要的角色。在2005年之后的10年中，城市要达到人均草坪面积7.5平方米，就需要15亿平方米草坪，每年增建草坪 1.5 亿平方米，年需草坪籽在 5 000 吨以上。

运动场、高尔夫球场、足球场及度假旅游区、别墅区的发展等，都为草坪业提供了巨大的发展空间。2005 年全国有高尔夫球场 100 余个，各种用途的草坪面积约 3 亿平方米。

国内经营草坪或是与草坪有关的企业已达数千家，年产值在 500 万元以上的 50 余家，这些企业主要从事草坪草种、园林机械、绿化工程、草坪专用肥料和农药、草坪养护、草毯生产等项目的经营。同时，开设草坪专业的高校和从事草坪草研究的科研机构也越来越多。

在饲草业方面，2005 年国际市场对一些草类青饲料的需要量急剧递增，如苜蓿草产品。美国苜蓿草的直接年收入高达 100 亿美元，加上养植、加工等相关产业年产值超过 1 000 亿美元。全世界苜蓿种植面积约 4 000 万公顷，国际市场年需牧草缺口 1 000 吨。每吨苜蓿颗粒饲料的价格在 250 美元左右。在 2005 年中国苜蓿种植面积约有 100 万公顷。

以退耕还林还草为重点的大规模生态建设将为草业发展带来巨大机遇。2005 年西部草地面积占全国草地总面积的五分之三，但是大部分草地没有得到充分利用，退化破坏严重。在 2005 年之后的 10 年内，西部五省区退耕 400 多万公顷耕地用于草地建设，另外还进行大面积荒山种草。西部各省区已将草业开发作为重要产业予以扶持，并制定了优惠政策，鼓励企业和个人以承包、租赁等方式从事退耕种草等生态治理和农业综合开发，这为商家提供了难得商机。

（二）企业现状分析

1. 企业概况

北京日盛草业科技发展中心（简称日盛草业）主要经营业务包括：草种、花种、种苗、草产品的技术开发、咨询、培训、转让，采种，育苗，园林绿化，加工草种、花种，销售机械设备、花肥料、草种、花种、种苗，以及本企业和成员企业自产产品及技术出口业务。其高新技术企业认定证书编号为 0411007B00063。

日盛草业的股权结构如表 3.2 所示。

表 3.2 日盛草业的股权结构

姓名	出资方式及出资金额	出资比例/%
董天	货币 113 万元，非专利技术 585.2 万元，合计 698.2 万元	69.82
董成	货币 20 万元，非专利技术 250.8 万元，合计 270.8 万元	27.08
潘胜	货币 31 万元	3.1

日盛草业实际控制人为董天，其现任公司执行董事、总裁。

财务报表摘要：截至 2005 年 5 月 31 日，日盛草业资产总额 7 308 万元，其中流动资产 6 421 万元；负债总额 3 426 万元，全部为流动负债，所有者权益

3 882万元，其中未分配利润 2 882 万元；主营业务收入 1 793 万元；净利润 165 万元。

2. 技术与产品

各类进口草种有 100 多个品种，销量较大的品种包括早熟禾、高羊茅、黑麦草、白三叶、紫花苜蓿等。此外，还包括专用肥料、草皮卷、杀虫剂、草地养护机械、包装袋等配套商品。

3. 企业竞争优势

行业内的公司有数千家，绝大多数是规模小、面对区域市场的公司。业内前三强分别是克劳沃草业、中国种子集团、日盛草业。前两家均是国有企业。

克劳沃草业成立于 1995 年，2003 年的销售额已经超过 1 亿元，比 2002 年增加 64%。市场份额达到 30%的水平。日盛草业 2003 年进口货值在草种行业名列第二，仅次于克劳沃公司。日盛草业主要以经营进口草种为主，并且配套各种专业服务，处于行业的高端，并且已经具备了一定的知名度和美誉度。因此，拥有一定的竞争优势。

二、担保业务流程

1. 融资担保机构对企业的评估分析

1)经营和团队

企业法人曾在农业部门工作，熟知国家制定的各种相关的法律法规，企业的管理团队有着丰富的行业管理经验，公司拥有完善的法人治理机构。

2)政策导向

随着国家退牧还草政策的大力实施，以及国家对环保、绿化和城市形象的重视，园林绿化行业出现了飞速发展，经营种子产品的企业又享受免缴增值税的税收优惠政策。另外，农业部、国家林业局的有关部门对日盛草业的业务发展给予很大的支持和帮助，日盛草业的发展有更多的先机和更坚实的基础。

3)信用评估

日盛草业在 2004 年以前没有银行借款，一直依靠自有资金滚动发展。2004 年向中国农业银行和平里支行申请 1 000 万元流动资金贷款为首次向金融机构融资。截至 2004 年 6 月 29 日，日盛草业已经向中国农业银行指定账户存入还款准备金 300 万元，并承诺按时提取第二笔还款准备金，因此，本次贷款的偿还是有保障的。

企业的主要供应商均为外商，对于商业信用的要求非常严格。外商与日盛草业的结算方式为 D/A(documents against acceptance，即承兑交单)，即在买方未付款之前，便可取得货运单据，凭单提取货物。一旦买方到期不付款，出口方便可能银货两空。因而，出口商对采用此种方式持严格控制的态度。能够给予日盛草业这种优惠的结算方式，可见日盛草业的支付信用还是不错的。

由于有公务员的背景，又具备律师资格，企业领导人的信用管理意识和法律意识比较强，没有盲目扩张的冲动，并且对于财务成本比较敏感。

为了有效控制经营风险，对客户进行严格的信用等级管理，提高应收账款资产的质量。企业出台了《客户信用管理办法》，通过以往的信用记录给客户进行信用评级，并厘定相应的赊销额度和账期。客户信用评审委员会成员包括公司总经理、集团公司财务结算中心经理、主管会计、销售总监、区域销售经理。客户信用等级分为 A 级、B 级、C 级，A 级客户给予免保不超过 3 个月的信用期及相应的信用额度，B 级客户应有一定资产作为抵押方可给予信用期和信用额度，C 级客户使用现金结算。公司总经理和区域销售经理有三票权和一票否决权，销售总监有两票权和一票否决权，其他委员有一票权。评定时效为评定日至当年年底。

4)总体财务状况

日盛草业资产规模和销售收入逐年稳步增长，但是 2005 年上半年受到气候因素、宏观调控和国土资源政策的影响，销售收入有所下降。但是下半年，农业部关于退耕退牧还草的文件将是一个利好因素，因此，2005 年的销售收入会先抑后扬，与 2004 年持平。

应收账款和存货数量比较稳定，应收账款账龄绝大部分在一年以下。销售毛利率和净利率都较高。

企业财务管理制度比较规范，尤其对于客户的信用等级评定制度印象深刻，对于控制赊销风险和回款周期有一定效果。

综上所述，日盛草业财务状况良好，资产负债率适中，银行借款总额没有增加，具备偿还贷款的能力。

2. 融资担保方案设计

日盛草业于 2004 年 7 月 30 日与中国农业银行和平里支行签订了总额 1 000 万元的流动资金贷款合同，担保公司为其提供信用担保。

由于原 1 000 万元流动资金贷款于 2005 年 7 月 29 日到期(企业已经准备好还款资金)，很快又将进入订货高峰期，因此本次申请的 1 600 万元流动资金贷款为原贷款的正常延续。

贷款具体用途为向 Pennington Seed Inc.、Landmark Seed Company、Oregro Seeds Inc. 等公司订购进口草种。日盛草业订购进口草种金额情况如表 3.3 所示。

表 3.3 日盛草业订购进口草种金额情况

	合同金额		应付金额	
币种	美元	人民币	美元	人民币
金额	1 315 345	230 900	1 265 345	208 900
折合人民币	11 148 263.5		10 711 263.5	

注：美元兑人民币汇率为 8. 3

1)还款来源

2004 年日盛草业销售收入 6 660 万元，实现净利润 857 万元，销售净利率达到 12%左右。2005 年上半年由于受到国土资源政策(如限制高尔夫球场发展)等因素的影响，与去年同期销售额相比有所下降，但降幅不大。2004 年 1～5 月销售收入为 2 373 万元，2005 年 1～5 月销售收入为 1 793 万元。据企业透露，1～5 月还有 308 万元的销售收入没有开具发票，形成账外收入。如果将这部分收入统计进去，实际收入是 2 101 万元。与去年同期相比降幅不大。

农业部出台了关于退耕退牧还草的红头文件，考虑日盛草业在业内的地位，预计下半年会取得一部分政府采购合同。由于政府采购方面一般集中于下半年，因此销售收入的变动趋势将会呈现先抑后扬。

通过担保公司对银行日记账、现金日记账、银行对账单的抽查，2005 年 5 月，日盛草业经营现金流入(包括银行存款和现金)约为 410 万元，经营现金流出约为 110 万元，经营现金净流入为 300 万元左右。企业有一部分收入以现金形式收取，没有开具发票。如果将这部分隐性收入考虑进去，企业按时还款是有保障的。

此外，企业的存货始终保持在一个较高的水平上，2005 年 5 月 31 日存货余额为 2 358 万元。因此在企业到期无法偿还贷款时，将存货折价出售给其他的大型草业公司，完全可以偿还贷款。

2)反担保措施

(1)日盛草业 100%股权质押，5%股权转让，担保公司派驻董事。

(2)董天先生提供个人无限连带责任保证。

(3)存货流动抵押，每月更新抵押清单。

(4)北京日盛草业园林工程有限公司提供第三方连带责任保证，公司 100%股权质押。

3)监管方式

(1)中国农业银行贷款账户设定为监管账户，预留日盛草业印鉴。

(2)指定销售回款账户，担保公司保留随时查询的权利，进行收入监管。

(3)每月提供最新财务报表，以及当月销售明细。

保证金按照总额 1 600 万元的 10%一次性收取，计 160 万元。

4)评审费及担保费

综合担保费率 3%，其中包括评审费率 0.5%，按照全额收取。

5)还款准备金

分三期提取还款准备金和 10%的保证金，贷款到期日前两个月提取贷款金额 20%的还款准备金，贷款到期日前一个月提取贷款金额 40%的还款准备金，贷款到期日前一周提取贷款金额 30%的还款准备金。

说明：第一次合作担保公司确定的还款准备金提取方式为分三期均匀提取，后因日盛草业提出要求，希望改为两期均匀提取，担保公司经过请示，同意其要求。实际执行情况为到期前 1 个月提取 300 万元，到期当日提取 300 万元。

总结第一次合作的经验，担保公司设计了上述方案，主要考虑以下两方面因素。

(1)到期前两个月提取 20%的还款准备金，对日盛草业企业压力不大，但可以作为风险预警，如果日盛草业不能按时提取，应及时查证原因，如果确因营运能力和财务状况出现问题，可以给担保公司留出充裕的时间实施应急预案。

(2)到期前一个月提取 40%的还款准备金，适当加大提取比例，累计沉淀资金 700 万元(包括保证金)，还款基本有保障。

三、风险分析

担保公司认为，该项目的主要风险点为政策风险和市场风险。

草坪业属于高耗水行业，同时许多高尔夫球场侵占耕地，与现行国土资源政策相抵触。全国已建、在建和拟建的高尔夫球场共 306 个，占地 49 万亩，在北京，因“完全不合要求”，7 个拟建和在建的高尔夫球场被勒令取消；因此，作为进口草种的主要客户群之一，高尔夫球场的受限将会对日盛草业的销售收入和利润产生一定影响。

由于草业的销售和进货存在明显的季节性，因此资金周转速度比较慢，流动资产周转率只有 1.23 左右，应收账款平均占用资金 2 500 万元，存货平均占用资金 2 000 万元。如果销售不畅，造成存货积压，短期内无法变现，将对按时还款构成威胁。

四、项目评析

该项目为担保公司第二次与日盛草业合作，初次合作期间，双方配合良好。企业在短短五年时间内，发展成为草业的前三强，足见领导人捕捉市场机遇的能力很强。

贷款期内现金流预测良好，企业信用意识和管理能力强，还款意愿强，是一个很好的担保项目。

➤案例三　深圳市高盛科技有限公司流动资产抵押案例

一、背景

(一)行业现状分析

我国LED显示屏产业起步于20世纪90年代初，一直以相当快的速度在平稳地发展，进入21世纪以来，每年保持15%～20%的增幅。在不断发展的过程中，LED显示屏逐步应用于社会的许多领域，已形成了LED显示屏比较稳定的市场，并且还在快速增长。目前，LED显示屏在中国发达城市已成为一种新型媒体，发布的信息主要以公益服务与商业广告相结合的内容为主题。大到北京王府井和上海南京路，小到某些地方的市政广场都有LED显示屏，但是中西部城市LED显示屏商业化的操作目前还不是很成熟。

LED显示屏是全球迅速发展起来的新型显示产品，其以使用寿命长、性价比高、环境适应能力强、使用成本低等特点，迅速成长为平板显示的主流产品。它是具有影音视频功能的广告展示设备，外观新颖独特，其面积可随意调整，成为播放视音频广告节目的强势媒体。全国很多城市都在鼓励使用LED显示屏，因为其可以提升城市的科技感和现代感形象，能带来巨大的社会效益和经济效益。

然而，作为一种新型媒体，LED显示屏前期投入大，技术要求高，受外界环境尤其是日光影响大，管理相对比较复杂，难以形成规模效应，作为新媒体广告客户投放广告还有一个逐渐接受的过程。

(二)企业现状分析

1. 企业概况

深圳市高盛科技有限公司(简称高盛公司)位于深圳市高新区科技园，该公司登记的注册资本为600万元，是一家专业从事LED显示屏、LED灯饰及其周边产品的研发、生产、销售和服务于一体的高新技术企业。经过几年不懈的努力，高盛公司从当初作坊式的小工厂，迅速发展成今天拥有600多名员工的公司，成为中国乃至世界LED行业最具成长性的企业。

2. 技术与产品

2009年高盛公司拥有约15 000平方米的无尘防静电厂房，多条全自动生产线，以及先进的生产设备和完善的检测仪器，月生产能力达5 000平方米，目前已与中国香港、中国台湾、欧美、澳大利亚和中东等国家与地区客户结成战略伙伴关系，在全球各地安装了数以万计的不同型号的LED显示屏及其

LED照明相关工程，并赢得客户的一致好评。从产品研发、生产、安装、调试，到最终检验并合格出厂，高盛公司已经形成一套完整科学的质量管理体系。公司顺利通过了CCC(China compulsory certification，即3C认证)、ISO 9001：2000国际质量管理体系等系列认证。其中产品陆续通过了CE、FCC(Federal Communications Commission，即美国联邦通信委员会)、RoHS(Restriction of Hazardous Substances，即《关于限制在电子设备中使用某些有害成分的损气》)等权威技术监督部门的质量检测。高盛公司主要产品有LED灯管、选材驱动器件、PCB板、开关电源以及其他材料选材，公司共取得技术专利8项(其中发明专利2项)，取得软件著作权6项，共参与制定了20多项国家及行业相关认证与标准。

3. 企业竞争优势

高盛公司高级管理人员拥有较高素质，企业人员分工明确，有正式的企业用工制度及人员培训制度。总之，资深的行业经验、强大的技术研发能力、可靠的质量保证、精心的客户服务以及独具特色的产品和营销策略不仅提升了企业竞争力，也为融资提供了基础保障。

二、融资担保机构对企业的评估分析

高盛公司法定代表人于2007年4月成立了高盛公司，并担任董事长兼CEO。在成立公司前，执行董事及参股人都从事LED相关行业的工作，有很丰富的行业经验。企业法人代表是一位有着多年管理经验，勇于开拓，努力创新，实干打拼的企业家。财务总监有着多年财务工作及管理工作经验。

高盛公司组织结构完善，公司建有依据结构(通用技能、专业技能和管理技能)、职能(研发、生产、人力资源、财物、物流、品质、销售等)和层次(新人、初级、中级和高级)的三位一体的课程体系。公司生产工人、技术工人到公司的高层管理人员，都有机会参加公司设计培训的课程和内容。

高盛公司的总体发展规划为2012年6月15日前，完成新工业基地搬迁工作，届时，高新区新工业园区占地将达25 000平方米，年生产能力达5亿元，2010年总体销售目标预计3亿～5亿元。3年时间实现上市，力主募资金额突破100亿港元，形成以LED为龙头产业，以塑胶、钣金、地产、资源、风险投资等业务为辅助，融合产业并购等资本运作于一体的TVS产业集团化主运营发展模式，在市场预期、品牌价值、人才规划、市场规划和公司治理等方面都实现新的突破。

本次贷款金额购买设备到位后，预计高盛公司可以增加50%的产能及销售收入。

三、风险控制

1. 风险性分析

1)政策风险分析及对策

主要政策风险在于国家宏观政策调控引起的水、电、金属原材料、人工成本的升高，以上生产成本的调整可以转化为销售价格的调整。企业所属行业尚属朝阳行业，是国家重点支持行业，从整个行业来看，高技术含量及发展前景较为可观，短期内政策性风险不大。

2)经营管理风险分析及对策

主要体现为道德风险、市场预测风险、经营策略风险。企业实际控制人商场经验丰富，对市场具有较强的洞察力，且一直在该行业发展，对行业市场技术发展有很深远的认识。财务总监长期在大型企业从事财务管理，具备良好的现代企业管理和专业的知识经验。管理层具备现代企业管理改革意识，正在不断改革推进企业经营框架的优化。

3)财务风险分析及对策

财务风险目前从企业财务状况看，问题不是很大，企业销售额正在逐步增长。

2. 风险防控措施

1)采取企业主个人连带担保责任机制，控制企业主道德风险

要求贷款企业的法定代表人、实际控制人或股东必须对该企业的贷款业务承担个人连带保证责任。这将增加企业主违约成本，对企业主形成强有力的制约机制，降低企业主道德风险，进而降低贷款风险。

2)收取保证金，降低风险敞口

该企业除法定代表人和股东承担个人连带保证责任外，由银融 LED 企业提供保证金作为担保，这减少了担保公司在贷款中的风险敞口，大大降低了贷款风险。

3)股权质押，降低贷款风险

担保公司要求贷款企业提供公司股权的 100%质押，这大大增加了企业主的违约成本，对企业的还款行为有着强有力的制约，能够提升企业整体的还款意识，从而实现贷款风险的降低。

四、项目评析

一方面，从资金需求分析及本次申请贷款用途来看，由于该公司销售额的快速增长及生产规模扩大，高盛公司自有资金难以满足新增产能力所需设备，故贷款 1 000 万元做购买机械设备之用。另一方面，从偿贷及付息资金来源分析，该

公司的产品毛利率可达30%，净利润率可达18%，可以用利润偿还银行贷款及本金。

第三节　流动资产抵押模式案例分析

案例一中主要反担保措施如下：存货抵押登记，玉玲珑公司的产品主要是家居和休闲产品，由于注重产品的研发，倡导礼品行业从单纯的产品出售者向生活方案的提供者转变，其产品处于同类产品的中高端，如“YL”产品在百盛等大型商场都有专柜，因此存货的变现能力较强。

案例二中的反担保措施如下：①日盛草业100%股权质押，5%股权转让，担保公司派驻董事；②董天先生提供个人无限连带责任保证；③存货流动抵押，每月更新抵押清单；④北京日盛草业园林工程有限公司提供第三方连带责任保证，公司100%股权质押。

案例三中降低风险的措施如下：①采取企业主个人连带担保责任机制，控制企业主道德风险；②收取保证金，降低风险敞口；③股权质押，降低贷款风险。

本章所选三个案例均为科技型中小企业。案例一以存货作为反担保措施，属于流动资产抵押。案例二中虽然不是以流动资产作为主要的反担保措施，但是流动资产是其中一种反担保措施。案例三中提到了用保证金来降低风险，保证金也是利用流动资产抵押来降低风险的一种方式。

(1)案例二和案例三中都提到了连带责任，在利用连带责任提供反担保时应注意以下几方面。

担保金额过大，担保人难以承担连带责任(刘斌和曹夏生，1992)。担保公司相关人员审查贷款时，对受担保人的经营状况、承受风险能力必须严格审查，特别是对担保金额较大的更应从严掌握。但遗憾的是有少数相关人员在把关守口上严重失职，造成担保公司清收担保贷款时在“两难”上卡壳。一难是企业承受风险能力弱，而且承担连带责任企业有可能倒闭，地方政府见此现状，施加行政压力，使银行难以动作。二难是起诉后，法院担心担保人受损失太大，或担保企业倒闭遗留问题无法处理，迟迟不予判决或判决避重就轻。

(2)固定资产反担保的主要方式是抵押，流动资产作为反担保的方式主要是质押，那么反担保具体有几种方式?

关于反担保的方式有哪几种，各个学者说法不一。一些学者认为，反担保的方式有抵押、质押、保证、留置、定金五种；另有学者认为，在留置担保和定金担保中不能产生反担保，担保的方式只存在于抵押、质押、保证三种；还有一些学者认为，担保的方式应存在于保证、抵押、质押和留置四种(李霞和林宪民，1998)。

(3)上面提到，各个学者对反担保的方式说法不一，那么留置和定金不能作为反担保的方式的原因是什么？

依照《中华人民共和国担保法》(简称《担保法》)关于留置的规定，只有因运输、保管、加工承揽等特定合同发生的债权、债务人不履行债务时，债权人方可对按合同约定占有的债务人的动产行使留置权，以保障其特定债权的实现(刘保玉，1997)。由于担保人与债权人之间的担保合同，担保人并不占有债务人的动产，不能发生留置权；担保人因承担担保责任而产生的对债务人的追偿权，亦不属于因运输、保管、加工承揽合同而发生的特定债权之列，所以，不能将法定的留置权作为约定的反担保来使用。

定金是作为主合同的双方合同当事人一方向另一方给付的一定数额的金钱。与其他担保方式担保效能的单向性不同，定金的担保效能具有“双向性”，即“给付定金的一方不履行约定的债务的，无权要求返还定金；接受定金的一方不履行约定的债务的，应当双倍返还定金”(刘保玉，1997)。而反担保合同既不属于当事人双方互负对等义务的双务合同，也不是主合同，反担保的担保效能只能单向地指向担保人对债务人的追偿权，而不具有“双向性”。担保人不履行担保合同所设定的义务的，只能由债权人向其追究担保责任，被担保人及反担保人均无权要求其承担责任，即使担保人收取担保费，保证金也只发生返还、划付而无“双倍返还”的罚则。显而易见，定金担保的适用前提及其规则均无法适用于反担保，故定金不能作为反担保方式。

(4)在用流动资产作为反担保的案例中，都是受保企业自己提供流动资产反担保，那么地方政府为受保企业提供用未来财政收入并授权担保公司扣划分年财政预算拨款的反担保承诺函有效吗？

《担保法》第8条规定，“国家机关不能为保证人”(李开翠，2013)。根据反担保适用担保的规定，国家机关当然也不能为反担保人。国家机关的财产和经费都是来自国家财政和地方财政的拨款，如果将其用于清偿担保债务，必将影响国家职能的正常发挥，不利于保障国家机关的财产安全，不利于维持其地位和工作的稳定。事实上，如果由国家机关提供反担保，承担反担保责任，那么就是用国家的钱、全民财产，为个别的民事主体的民事活动进行担保。这既不合理，也不合法，应该严禁。如果接受了政府为受保企业代为清偿的承诺函，就是接受了用国家的钱来为企业买账，司法实践中有的法院会以损害国家利益为由认定该承诺函无效。

(5)关于反担保无限循环的思考。

如果担保人要求反担保，反担保人要求再反担保，再反担保人再要求反担保，如此循环往复，会不会形成复杂的反担保链，最后的反担保人的利益由谁来保护？

有学者认为，这只是一种逻辑上设想的推理，现实生活中有自我调控机能，不会出现如此复杂的情形(韩玉梅，2014)，主要理由如下。

首先，是否要求反担保，完全由担保人自己的意愿决定。担保人既然愿意为债务人提供担保，很大程度上是相信债务人能够还款的，因此，并不是所有的担保人都要求提供反担保。

其次，反担保为债务人提供反担保也是由其意愿决定。我国《担保法》规定："任何单位和个人不得强令银行等金融机构或企业为他人提供担保，银行等金融机构或企业对强令其为他人提供担保的行为有权拒绝。"反担保人也有同样的权利，反担保人提供反担保时，特别是债务人以外的第三人提供反担保时，总要考虑债务人的资信和还款能力，如果债务人的还款能力不好，反担保人有权不为其进行担保。所以，担保人是否要求反担保，以及反担保人是否愿意为债务人担保都是自由的。因此，从这一角度讲，反担保的三角链是不大可能形成的。

以上反担保的论述，希望能对我国《担保法》的理论和实践有所裨益。

第四章 股权质押模式研究

第一节 股权质押概述

股权质押，简而言之，是指以股权作为标的而进行的质押。质押，即设立质权，指债务人将某物作为债权担保，将其占有权转移给债权人，若债务到期而没有得到偿付，则债权人基于该物得到优先偿付。许多国家的法律对于股权质押制度都做出规定，如《法国商事公司法》第 46 条，《德国有限责任公司法》第 33 条，日本《有限公司法》第 32 条，日本《商法》第 207 条。但英美法律认为，股权“明显的不是可以占有的东西”，因此并不认可以股权质押方式进行担保。

我国关于股权质押的立法最早出现于 1995 年的《担保法》，其第 75 条规定依法可以转让的股份、股票可以质押，第 78 条又做出了相对应的规定。1997 年 5 月 28 日发布的《外商投资企业投资者股权变更的若干规定》，对外商投资企业投资者“经其他各方投资者同意将其股权质押给债权人”予以确认，这是不同于我国企业之处。2000 年 9 月 29 日，由最高人民法院颁布的《最高人民法院关于适用〈中华人民共和国担保法〉若干问题的解释》中，其第 103 条和 104 条分别对股权质押相关问题做出更加完整的说明。2004 年 11 月 4 日修改了《证券公司股票质押贷款管理办法》，在股权质押方面进一步解释。2007 年《中华人民共和国物权法》(简称《物权法》)颁布，其第 224 条、225 条和 226 条进一步完善了股权质押方面的规定(马晓斐，2013)。

担保中的股权质押模式，则是指以企业的股权作为质押标的进行的担保。如果科技型中小企业没有足够的固定资产、无形资产(如专利)，但又具有广阔的发展前景，担保公司在进行担保业务时，可以考虑股权质押模式。

股权质押模式的开展，有利于科技型中小企业明确股权，促进信息披露和价格发现等重要作用。同时，该模式也获得了政策性支持，如《关于规范开展企业股权集中登记托管工作的意见》《吉林省股权质押融资指导意见》等文件，鼓励担保公司进行股权质押模式业务。

第二节　股权质押的评估方法

目前还没有比较成熟的关于股权质押的定价方法，但是我们可以借鉴“新三板”中的企业，因为这些企业多是科技型企业，而且其发展具有不确定性，并且以轻资产为主，主要采用相对价值法。

我们可以借鉴股权估值模型的相关研究，业界常用的股权估值方法主要分为以下三大类(吴军和魏果望，2014)。

第一类为资产及处罚，也就是对目标企业的所有资产、发债进行逐项估值的方法，包括重置成本法和清算价值法。

第二类为相对价值法，主要采用乘数方法，较为简单的有 P/E、P/B、P/S 等评估方法。

第三类为收益折现法，包括 FCFF(free cash flow for the firm，即公司自由现金流)、FCFE(free cash flow to equity，即股权自由现金流模型)和 EVA(economic value added，即经济效益附加值)折现法等。

这三类估值方法中比较常用的具体方法有红利现金流折现(discounted cash flow，DCF)模型、红利折现模型(dividend discount model，DDM)、市盈率评价法、同类公司比较法、相关交易法和第一波士顿的经济效益附加值估值模型及估算方法等。

参照吴军和魏果望(2014)给出的新三板模型，我们给出如下股权质押定价模型。

股权质押价格 $P_m=c\times P$，其中，c 为质押率，P 为每股价值。

(1)质押率 c 的确定：按照“创业板”股原则上不超过 30%的质押率，同时考虑科技型中小企业自身的风险，可拟定质押率不超过 20%。

(2)每股价值 P 的确定：可根据每年的每股收益确定。

第三节　股权质押模式案例

➤案例一　四川雪亮光电珠宝有限公司

一、背景

(一)行业现状分析

中国眼镜市场持续增长，不仅让市场竞争加剧，潜在市场利润空间更让商家看好。受中国市场快速增长的诱惑，几乎所有国际知名眼镜厂家和商家纷纷来到中国，或设厂或建立销售渠道。1997 年，全球最大的镜片制造商法国依视路投资 5 300 万美元在上海建立了镜片生产基地，产量每年以两位数的速度增长，并占据了 12%的中国市场。1989 年，日本眼镜企业野尻进入中国市场，不仅在上海设立了镜架生产企业，而且已在中国开设上千家连锁店。

眼镜业的暴利已经为人们所熟知，媒体公布的一份调查中眼镜业被列入“中国十大暴利行业”，零售眼镜的利润率可以达到 200%、500%，甚至 1 000%。在当今社会，除了矫正视力功能外，眼镜还被赋予装饰功能，眼镜消费的个性化、时尚化、品牌化、高档化日益显著，这进一步催化了中国眼镜市场的扩大。

中国眼镜协会统计数据表明，2007 年前的几年，中国眼镜产业年均增幅达 17%。2007 年，中国眼镜生产企业超过 4 000 家，有一定规模的验光配镜店超过 2 万家，并已形成广东东莞、福建厦门、浙江温州、江苏丹阳、上海、北京等主要生产基地。

中国眼镜协会理事长徐云媛认为，虽然中国眼镜产业近几年取得长足发展，但弱点十分明显，阻碍了行业向高端产品发展的脚步。例如，眼镜产品结构不合理，多以中低档为主，高技术含量、高附加值的高档产品不足，眼镜行业的装备和工艺水准普遍较低，设计和原创能力薄弱等。这与拥有世界上最多佩戴眼镜人群的市场地位极不对称。

业内专家认为，解决这些问题，既需要中国科技人员自主创新，又需要拥有高科技水平的海外商家在中国参与技术转让和技术合作，共同开发中国市场。企业间的整合也是国内眼镜企业做强做大的必然趋势。

(二)企业现状分析

1. 企业概况

四川雪亮光电珠宝有限公司(简称雪亮公司)成立于 1992 年 3 月 21 日，于

1992 年 8 月在四川正式投产。原名为“四川雪亮光学有限公司”2005 年 10 月更名为“四川雪亮光电科技有限公司”，2007 年 6 月正式更名为“四川雪亮光电珠宝有限公司”。早期由韩国雪亮贸易私人有限公司投资设立，2003 年 2 月，投资者将股份转让澳门晨阳企业有限公司，注册资本经多次变更由 300 万美元增至 580 万美元。

雪亮公司厂区占地面积 100 亩①(分四期租赁 30 年、约 15 万/月，并预交 100 万元押金)，拥有工业眼镜部、太阳眼镜部、电子制造三大部门。

2. 技术与产品

雪亮公司生产、加工各款眼镜及焊接眼镜、潜水镜、防护镜及其配套件；饰品类(包括眼镜饰品、各类工艺饰品)；宝石类(包括宝石、半宝石)；数码电器(包括 MP3、MP4、DVD、数码摄影机、数码相机及其配件)；平面显示器(包括背光板、扩散板、增亮板、反射板、光源组)、背光源、太阳能、聚光二级体产品及零组件，销售本企业产品。

雪亮公司以生产太阳能产品、各种眼镜、背光元件、电子产品为主，是一家集设计、生产、销售于一体的多元化澳资企业。OEM 产品 100%出口欧美国家，其中眼镜产品占 95%。

3. 企业竞争优势

2007 年，雪亮公司从业人员有 1 340 人，拥有一大批有理想、有抱负、有朝气的高素质的管理与技术团队，其核心领导和骨干具有眼镜行业、电子制造业、太阳能领域多年的工作资历和丰富的实践经验，强大的科研能力，用于研发的资金占全年利润的 25%，能为客户提供高质量的产品和服务。

雪亮公司生产防护眼镜的规模在四川地区最大，竞争性强。

雪亮公司附近的四川海洋光学制品有限公司，是专业从事劳保镜(LEO 安全防护镜)设计生产的 ODM/OEM 专业制作商。

4. 参与主体及职能

雪亮公司贷款业务中存在的参与主体见表 4.1。

表 4.1 雪亮公司贷款业务中存在的参与主体

参与主体类别	参与主体名称	参与主体职能
贷款企业	雪亮公司	贷款需求方
贷款银行	中国工商银行成都支行	贷款供给方
担保机构		信用增级方

① 1 亩≈666.7 平方米。

二、担保业务流程

1. 流程图

雪亮公司担保业务流程图如图 4.1 所示。

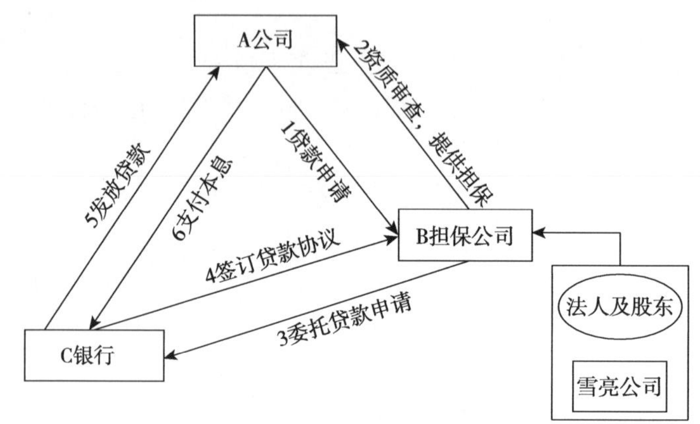

图 4.1　雪亮公司担保业务流程图

此处法人及股东和企业以及全部股权质押为反担保措施，以 2003 年购置的“珠宝城”为土地抵押

2. 企业管理模式分析

1)管理层素质分析

法人代表李仁达先生是澳门晨阳企业有限公司与雪亮公司法人代表兼总经理。其常年在四川，主要负责企业日常运营。李仁达与原法人代表王庆祥共同控股台湾大舜贸易公司。“大舜”早年通过投资韩国雪亮贸易私人有限公司——转投四川雪亮公司；而后转由澳门晨阳企业有限公司——转投四川雪亮公司。目前“大舜”在大陆的投资涉及酒店、眼镜、珠宝饰品等行业。

2)管理现状评价

雪亮公司由李仁达负责日常管理、决策，采用总经理负责制，设有财务、行政、设计研发、供销、生产部门。内部各部门之间各行其职、各负其责，结构严谨、管理规范。

3. 企业资信分析

开户行及主要结算行信用情况：2007 年，雪亮公司在成都工商银行信用等级为 AA^- 级，客户分类为三类，最高综合授信额度达到 1 200 万元。

4. 企业财务分析

2007 年，深圳兴华会计师事务所对雪亮公司审计后的年度报表如下。

(1)速动比、流动比等均良好，体现出企业管理水平较高、运营正常。

(2)企业负债率逐年上升、偏高，主要受应付账款增加影响(2007 年应付账款中 72%为应付关联企业大宗贸易原料采购款)。

(3)应收款、存货周转天数增幅较大，普遍为3个月左右，这与企业贴牌出口的生产销售模式有关。运输、装船、验收、回款等环节占用时间较多。

(4)毛利空间平稳、净利水平偏低，企业实际净利有5%～7%空间。

5. 企业营运情况分析

雪亮公司目前主要以生产各款眼镜及焊接眼镜、潜水镜、防护镜及其配套件产品为主，集设计、生产、销售于一体。OEM产品100%出口欧美国家。

2007年，雪亮公司收入整体较2006年增长31%，净利水平从1.5%升至2%，全部贴牌代加工出口业务获利空间较低。2005～2007年销售规模呈现稳步上升趋势，总体达到30%。2005～2007年眼镜产量分别为130万打、212万打、278万打。

雪亮公司生产的防护镜、太阳镜等产品具有抗强冲击，能耐高温、低温，耐酸耐碱，防紫外线，防激光，防红外线，防尘，防雾气，抗爆，防飞沫、化学物质飞溅等，广泛应用于劳保、驾驶、矿、石油、钻探、科研、滑雪、海上运动、骑马、野外考察等用途。

6. 融资可行性分析

雪亮公司申请500万元(敞口300万元)、1年期贷款用于补充日常流动资金。

客户资金需求增加的原因为增加镜片设计生产线投入、扩大生产规模、储备生产原料。

贷款后是否超过客户的支付能力：雪亮公司本次实际用款300万元，该公司年度销售规模过亿、每月银行流水不低于1 000万元，月度平均存款180万元。本次拟按季分批还款(50万元、50万元、100万元、300万元)，不超过客户支付能力。

客户流动资金是否有季节性：除每年春节月份销售降低之外，其他月份季节性不强。

还款期限是否合理：一年流贷较为合理。

三、风险控制

1. 风险性分析

该项目的主要风险因素包括：①运营过程中的行业竞争风险；②应收货款回收期偏长，研发、备料资金投入加大，影响分批还款资金到位；③属非本地人企业，工人较多，容易出现劳工纠纷；④关联企业较多，资金转移风险。

针对风险因素企业可采取的方法措施有：①企业应充分发挥现有技术领先与规模大的双重优势，加快其他领域新产品开发与生产(如平面显示器、背光源、太阳能、聚光二级体产品及零组件)，走贴牌与自有品牌结合之路，保持公司市场竞争力；②按季逐笔还款、加强月度保后管理，有风险早预防，设备抵押登记强化反担保力；③股东及实际负责人李仁达连带担保。

2. 风险防控措施

还款计划：500 万元拟按季分批还款(50 万元、50 万元、100 万元、300 万元)。

资金调配安排计划：销售收入作为第一还款来源，抵押设备作为第二还款来源。

雪亮公司风险防控措施如表 4.2 所示。

表 4.2 雪亮公司风险防控措施

方式	权证内容	反担保措施操作简述	评估值/万元	抵质押率
保证		李仁达与晨阳企业有限公司连带担保		
质押		雪亮公司 100%股权(签质押合同)	1 000	20%
抵押	机器设备	机器设备抵押	800	30%
抵押	土地(无证)	雪亮公司购置土地抵押	150	50%
风险敞口	>1 000 万元	500 万～1 000 万元	<100～500	<100 万元
			√	

注：抵质押率(股权 20%、车辆 30%、房产 50%～60%)

➤案例二 辽宁高能化学公司股权质押案例

一、背景

1. 企业概况

辽宁高能化学公司(简称高能公司)，是辽宁高能化学表面技术研究中心和美国德州公司，共同组建的中外合作企业。高能公司于 2005 年 4 月成立，经营范围包括开发和制造物理气相沉积、电化学处理领域的表面技术制备、自产产品的技术咨询、技术服务和销售自产产品。公司注册资本为 20 万美元；公司章程规定公司注册资本将自公司营业执照签发之日后，1 个月、4 个月、8 个月、12 个月内分 4 次、每次 5 万美元投入；公司已于 2006 年 5 月 26 日收到外方首期投资款 5 万美元。公司登记住所为辽宁，并在申请贷款之日近期迁至位于大连涂料厂新建厂房内。公司已于 2005 年 5 月被其所在试验区认定为新技术企业。公司已领取贷款卡。

从公司股权结构来看，辽宁高能化学表面技术研究中心和 ITA 德州公司合作各出资 48%和 52%。其中，辽宁高能化学表面技术研究中心是由王某等三人各投资 1 万元依照有限责任股份合作制组建的研究中心，专门用于与美国德州公司成立中外合作公司。高能公司将把中心资产转移至 ITA 德州公司进行运作。美国德州公司作为投资方将进口公司的真空离子镀膜机、配件及其他产品，更换商标后利用其自有的销售渠道在境外销售。

美国德州公司法定代表人及董事长为 ITA 人多某，公司副董事长为王某。公司技术、日常运作及管理由王某负责。王某为博士学位，曾作为访问学者访问美国南加州大学物理系，做过其他家公司的工程师和总经理助理。

2. 技术与产品

高能公司的主要产品为 A* 系列真空离子镀膜机及部件。公司已与美国德州公司签订合同，当年出口 4 台设备。企业的销售方式是自产并直接出口，国外代理商换标销售，主要销售对象是国外用户，国外代理商为投资方，即美国德州公司，年销售额预计 80 万美元左右。

3. 企业竞争优势

高能公司的产品技术较为先进，销售渠道稳定可靠，且公司负责人王某诚实坦诚，对公司的未来运作及发展有着清醒的认识，是一个出色的企业领导人。

二、担保业务流程

1. 融资担保机构对企业的评估分析

1)人员构成、工资水平、重要人员的工资状况

2005 年 4 月高能公司人员构成、工资水平情况如表 4.3 所示。

表 4.3 2005 年 4 月高能公司人员构成、工资水平情况表

机构名称	人数/人	工资额/元	人均工资水平/(元/月)
高能公司	15	26 500	1 766

2)信用情况

通过对高能公司信用情况的分析，发现该公司并无拖欠材料款记录、无拖欠工资情况及其他不良记录。

3)财务状况

(1)会计制度及组织情况：高能公司执行外商投资企业会计制度，有专职人员负责账务的处理，凭证处理较为规范且账表相符。总体而言，公司的会计处理较为规范，会计制度及组织情况被认定为可接受的程度。

(2)近年财务状况：高能公司已收到美国德州公司三笔共计 15 万美元的投资款。其中，5 万美元已用于公司注册、日常及部分工厂装修等费用；5 万美元为第一台出口 ITA 真空离子镀膜机订金，已用于订购零件及支付设计费用；5 万美元为公司注册资金，计划用于工厂最后的布线及装修。

王某等的原挂靠方已分别于 2005 年 2 月 1 日、3 月 1 日将款项汇入高能公司。至此，双方已无债权债务关系。

(3)财务绩效指标：因高能公司成立时间短，正在进行第一台出口设备的准备，并且没有销售收入，故无法进行财务绩效指标测算。

4)关于可能的涉诉

高能公司的主要负责人王某曾任辽宁大宇真空离子镀膜机项目的主要技术持有人，公司现有技术人员多来自大宇。公司可能与大宇有专有技术所有权上的纠纷。经询问，担保公司了解到王某等在大宇进行真空离子镀膜机项目时，与大宇实质是一种承包关系，并且在王某等相继离开大宇时已与大宇达成协议。现在大宇正在仿制旧型产品，而公司早已开发出新产品。大宇的老客户已有部分转投向高能公司。大宇由于体制上存在问题，已濒临倒闭。大宇至今未提出异议。综上所述，担保公司基本认为高能公司不存在可能的涉诉问题。

5)关于可能的信用证延期

由于高能公司运作初期工作较多，公司预计第一台出口 ITA 的设备最多可能延期一个月，公司已要求 ITA 方信用证延期一个半月，ITA 方已原则同意。

2. 融资担保方案设计

高能公司申请担保情况如表 4.4 所示。

表 4.4 高能公司申请担保情况

贷款金额/万元	贷款期限/月	拟贷款的银行	贷款计划用途	还款来源	企业承诺的反担保措施
130	5	上海银行 HD 支行	用于开发、制造产品的流动资金	货物出口 ITA 的货款	ITA 方出具的有效的信用证

根据实地考察，高能公司的贷款资金将专门用于制造第一台出口 ITA 的真空离子镀膜机。

经过评审，担保公司认为高能公司虽然处于成长的初期，但企业属技术创新型企业，有活力，并且合同真实存在，企业有能力履行出口合同；并且三包公司已收到 ITA 方对信用证延期至 10 月 30 日的书面同意。可以向公司提供 5 个月 130 万元短期贷款担保。

以公司股权作质押为主，以公司股东个人房产抵押、部分个人存单质押为辅，建立组合反担保设计。

三、风险控制

1. 申请贷款期限内现金净流量预测

2014 年高能公司申请贷款期限内现金净流量预测见表 4.5。

表 4.5　高能公司申请贷款期限内现金净流量预测(单位：万元)

期间	流入量	流出量				现金余额
		经营活动	投资活动	筹资活动	合计	
期初	0	0	0	0	0	70.509
7 月	160.81	97.723	12.37	0	110.093	121.226
8 月	0	85.353	12.37	0	97.723	23.503
9 月	50.717	48.243	12.37	0	60.613	13.607
10 月	205.342	23.503	12.37	0	35.873	183.076
11 月	0	23.503	0	0	23.503	159.573
合计	416.869	278.325	49.48	0	327.805	159.573

高能公司现自有资金 70.509 万元；公司已于 2014 年 9 月收到外方投资款 6.185 万美元，10 月已收到货款 20.74 万美元；公司 7～10 月分期投入贷款进行出口设备的委托加工及组装；在公司现有情况下，公司每月工资及日常开销约为 18.555 万元，房租分摊 4.948 万元；公司已于 12 月收到第三笔投资款 6.185 万美元。

2. 反担保方案设计

高能公司以公司股权作质押为主，以公司股东个人房产抵押、部分个人存单质押为辅，建立组合反担保设计。

高能公司提出以股东现有的住宅及部分个人存款作为反担保措施，但其总值较低，并且其中一套平房只有承租权(我们只能取得拆迁补偿费及租赁费)，应补充其他反担保措施。

3. 监管建议

建议在后期监管中，定期考察高能公司贷款使用及出口设备生产进度情况。

四、项目评析

在实地考察过程中，高能公司日常经营负责人王某及公司其他人员向担保公司坦诚、详细、完整地介绍了公司的各方面情况。

公司未来发展：在以现有技术及设备生产能力进行资本的初期积累后大力发展技术，进行技术储备，未来发展成为以技术为主，并能进行小批量试生产的技术创新型企业。

公司生产安排：通用部件由外部加工，关键部件自己生产，与外部加工企业形成一种网状的较松散的合作伙伴关系，充分利用其他企业的优势，降低成本。

公司为何不申请专利：国内对专利的保护力度太差，申请专利将专利内容公开后，反而会导致大量的仿制。公司准备以专业技术人员为骨干，始终站在技术的高端，让仿制者追赶不上。

综上所述，高能公司不但产品技术本身具有创新性而且销售渠道稳定可靠，出资单位经营情况良好，管理人诚实负责，具有一定发展前景，担保公司向其提供 5 个月 130 万元短期贷款担保。

➤ 案例三 新疆数据创新公司股权质押案例

一、背景

1. 企业概况

新疆数据创新公司是由新疆新时代数据系统有限责任公司、徐某、铁某三方共同投资组建的有限责任公司。公司于 1992 年成立，注册资本为 400 万元，已于 1992 年经新疆某会计师事务所有限责任公司验证，并出具了验资报告。公司住所为新疆，属区外企业，尚未被市科委认定为高新技术企业。

从公司的股权结构来看，出资比例 50%以上的铁某，是公司法人代表及董事长兼总经理，其曾历任云南银行等公司管理职位。作为出资比例最少的新疆新时代数据系统有限责任公司与 S 公司、E 公司三家联合于 2006 年 8 月在银行卡信息交换总中心金融认证中心项目合同中中标。该工程由中国人民银行总行组织国内 12 家商业银行总行共同投资建设。新疆新时代数据系统有限责任公司将其电子商务部分出，组建新疆数据创新公司专门从事项目运作。

2. 技术与产品

企业产品基于 E 公司 PKI 技术和 TR 公司支付网关技术的系统集成。销售渠道为直销方式。

二、担保业务流程

1. 融资担保机构对企业的评估分析

1)人员构成、工资水平、重要人员的工资状况

公司部门构成较为全面，开发、市场和后台相关部门设置较为合理，各部门员工总共约 60 人。其中，本科学历 45 人，硕士 10 人，博士 5 人；技术开发人员 43 人，行政人员 9 人，销售人员 8 人。公司销售人员较少，不利于公司业务的大规模开展。

2)信用情况

通过对公司信用情况的分析，发现公司并无拖欠材料款记录、无拖欠工资情况及其他不良记录。

3)财务状况

(1)会计制度及组织情况：公司执行工业企业会计制度，有专职人员负责账

务的处理，但凭证处理并不规范且账表并不相符。

报表显示，公司 2006 年年底本年利润与 2007 年 4 月本年利润（公司总账、明细账也并不相符）的两项合计数较公司至 2007 年 4 月未分配利润相差 42 307.874 元。

总体而言，公司的会计处理并不规范，会计制度及组织情况被认定为可接受的程度。

(2)近年财务状况：因公司成立不足一年，无销售收入，且公司因接受了 S 公司捐赠的 SE6000 服务器一台（账面价值 680 万元），使公司财务指标严重失真。故不进行财务指标分析。

从营业收入来看，公司从 2006 年 10 月成立至 2007 年，没有销售收入，只收到 581.39 万元上述项目货款，用于购买设备，均已支付。根据公司提供的资料，我们发现公司除 2007 年 5 月 17 日与深圳市深投物流信息服务有限公司，2007 年 5 月 16 日与新疆大山有限责任公司签订合作意向书外，其余项目均处于准备标书及投标状态。上述两个意向项目至今未签订正式合同，未实施。

2. 融资担保方案设计

公司申请担保情况如表 4.6 所示。

表 4.6　公司申请担保情况

贷款金额/万元	贷款期限/月	拟贷款的银行	贷款计划用途	还款来源	企业承诺的反担保措施
185.55	6	中国建设银行 HD 支行	补充企业流动资金	营业收入 风险投资	自有设备 SE6000 服务器，在建项目应收款及企业股权

通过对企业的评估分析，担保公司认为在不考虑公司为项目垫付款及项目收入的情况下，公司贷款申请 185.55 万元只能给企业提供 2 个月左右的流动资金支持，2 个月后公司又将面临资金的短缺。公司没有历史数据，没有一份正式的合同，公司提供的 2007 年收入预期并不现实。因此，无法对公司的未来收入进行预期。

最终经过评审，该项目被认定为不适合进行担保。

三、风险控制

企业承诺的反担保措施有以下几项。

1)自有设备 SE6000 服务器

经过市场咨询，公司接受捐赠的 SE6000 服务器市场报价为 73.9 万美元，实际价格为 14.8 万美元（机器价格，不含售后服务）、22.2 万美元（含售后服务），而公司在提供的资料中声明价值不符。公司设备配置较低，且 SE6000 在同档服务器中属过时设备，因此变现能力差，并且该设备无产权证明文件，不能确认权属，不能作为反担保措施。

2)在建项目应收款

公司在建项目应收款属还款来源，并且不确定，不能作为反担保措施。

3)股权质押

在实地考察中发现公司并不同意以公司股权质押作为反担保措施。

此外，通过考察后未发现公司与风险投资公司订立协议、合同，未发现双方有实质操作，并且风险投资公司在投资前有一套严格的审查程序，有较长的周期，而公司申请贷款期限仅为 6 个月，因此风险投资不能作为还款来源。

四、项目评析

公司实质上是代理 E 公司系统的国内销售公司，并提供技术支持，没有自主知识产权。我们认为公司并不是完全意义上的高技术公司，不是我们应大力扶持的企业。

公司前景较好，但现在处在萌芽期，风险较高，需大量资金支持，因此不适合进行担保，但适合进行投资。但该公司对担保有误解，预期较高，对我们严格的审查、担保程序及商业化运作较失望。

最终经过评审，该项目被认定为不适合进行担保。但根据担保公司技术部的分析，认为该公司目前在国内独家掌握 E 公司的 PKI 技术，具有市场前景，建议担保公司投资部从投资角度进行重点考察。

第四节　案例综合评析

在案例一中，投资方 CZ 股份有限公司将要上市，并且其股权质押需经董事会批准，实际操作会有相当困难；在案例二中，以公司股权作质押为主，以公司股东个人房产抵押、部分个人存单质押为辅，建立组合反担保设计；在案例三中，在实地考察中发现公司并不同意以公司股权质押作为反担保措施。通过以上案例，可以看出，以现阶段中小企业的情况，不适合完全以股权质押形式开展担保业务，至多只是以其作为担保业务的一个辅助环节。这主要是因为以下几个原因。

一、道德风险

公司股东可能利用现行法律漏洞，通过关联交易，抽逃公司资金，严重损害其他股东、公司和债权人的利益。根据《中华人民共和国公司法》规定，公司控股股东、实际控制人不能利用与其直接或间接控制的企业发生的关系来导致公司利益受到转移或侵害，否则，造成公司损失的，应该承担相应的赔偿责任。

二、市场风险

由于股票市场的风险难以预测，当企业内部或外部环境出现重大变动，很有可能影响企业股票价值，进而影响股权价值。科技型中小企业本身规模小，其盈利能力波动较大，加之一些运营不规范，本身就存在巨大风险。虽然现阶段国家政策大力支持科技型中小企业发展，然而市场环境的不确定性也增加了企业股票的波动性，而股权价值波动的风险很有可能由担保公司承担。

三、股权的价值实现风险

如果债务期满而没有得到清偿，股权归担保公司所有，需要担保公司与企业达成折价协议。当双方无法就折价达成共识，只能诉诸法律，而不能直接拍卖或变卖。在法院审判过程中，由于涉及事务过多，加之行政人员的效率限制，这个过程耗时长，很有可能影响到股权价值，未必能达到理想效果。

四、股权难以定价

在股权的定价上，很难找到有效的参照价格，因为在股权价值上，不可能像"新三板"的企业用一个可以参照的挂牌价格，较准确的平均市盈率等数据，本书提出的简单模型只能停留在设想方面。

以上分析解释了担保公司在业务中很少采用股权质押的原因，因此该模式只能作为一种担保业务的辅助手段。

第五章
无形资产质押模式研究

第一节 无形资产质押概述

一、无形资产概念介绍

中国资产评估协会(2013)出版的《中国资产评估准则 2013》中，“资产评估准则——无形资产”部分指出，“无形资产，是指特定主体所拥有或者控制的，不具有实物形态，能持续发挥作用且能带来经济利益的资源。可辨认无形资产主要包括专利权、著作权、商标权、专有技术、客户关系、销售网络、合同权益、特许经营权等。不可辨认无形资产通常是指商誉。”

国际评估准则理事会(International Valuation Standards Council)发布的《国际评估准则》(International Valuation Standards)指出，无形资产可以是可识别的(identifiable)，也可以是无法识别的(unidentifiable)。可识别的无形资产可分为四大类，包括：与市场相关的无形资产(marketing related intangible assets)，如商标、互联网域名、非竞争协议等；与客户或者供应商相关的无形资产(customer or supplier related intangible assets)，如服务或供应协议，许可和客户关系等；与技术相关的无形资产(technology related intangible assets)，如专利技术、非专利技术、软件、程序等；与艺术相关的无形资产(artistic related intangible assets)，如戏剧、书籍、电影和音乐的版权等四大类。任何和一个企业或者团体相关的无法识别的无形资产通常被称为商誉(goodwill)。

本书中研究的无形资产主要指科技型中小企业在利用无形资产质押融资时，经常使用的专利技术、商标、版权、矿产权、土地使用权等。文豪和陈蕾(2010)指出，无形资产质押是指债务人或者第三人将其合法拥有的、可以转让的无形资产移交债权人占有，从而作为贷款的担保，促使债务人履行偿债义务，保障债权人实现权利的一种担保贷款。当债务人不能履行该债务时，债权人可以依法拍卖、变卖质押的无形资产。其中，提供无形资产担保的债务人或第三方为出质人，当无形资产发生质押融资时，债权人作为质权人，拥有了无形资产的所有权。

作为担保物权，无形资产质押有着与其他固定资产抵押相同的重要特点，即无形资产质押随主债权消灭或者质权实现而消灭。无形资产质押的特殊性体现在出质人不因无形资产出质而丧失使用权，主要是因为无形资产作为科技型中小企业生产和经营的核心，一旦不允许出质人继续使用，企业很难运营下去，无形资产也发挥不到应有的作用，创造不了超额收益。

二、国内外研究现状

（一）国外无形资产质押研究现状

无形资产质押贷款模式在国外发展时间比较早，基本上形成了比较成熟的发展机制，尤其以美国和日本的发展为代表，国外对无形资产质押贷款业务的研究主要集中在价值评估和风险控制两个方面。

李文江(2010)指出，在早期，一些保守的美国传统银行更注重可供抵押的实物资产，往往会忽视无形资产的价值，运用无形资产质押只是为了分散担保风险，进一步加强信用。为了改变这种现状，Jarboe 和 Furrow(2008)提到 SBA，作为联邦政府一个独立机构来帮助、辅导、协助和保护中小企业的利益，维护自由竞争的企业，加强美国经济的发展。SBA 面向不同行业的中小企业制定差异化的贷款额度和利率，提供有针对性的细分信贷产品，推动中小企业利用无形资产开展质押贷款业务。

除了政府机构大力推动无形资产质押融资外，作为一个全球性的、全方位服务的创新和无形资产管理的公司，美国的 M-CAM 公司推出了认证的资产购买价格机制(certified asset purchasing price，CAPP)，通过定性评估来确定投资标的是否具有知识产权或无形资产的价值承保，为贷款人提供了财产保险的政策。根据知识产权状况为企业提供相应的担保，当债务人不能及时足额偿债时，以预先设定的价格将知识产权出售给 M-CAM 公司，从而消除金融机构对知识产权变现难的担忧。该产品，颁发给符合条件的银行，使知识产权资产用做企业寻求融资的抵押品。

自 20 世纪 90 年代末，日本经济的特点是出现了越来越多的破产企业和表现不佳的公司，不良债务问题和金融体系的不确定性已经围攻日本经济，土地、房产等固定资产用做担保时，出现了贬值现象，在这种情况下，无形资产质押贷款得以迅速发展。彭彤和孙宝民(2005)指出，日本为推动国内创新，扶植中小企业，1995 年 10 月，日本通产省公布了《知识产权担保价值评估方法研究会报告》，指出："知识产权是一种新型的可用来融资的有潜力的资产。"以让与担保为主导形式的知识产权质押融资在日本开展起来。随后，日本政策投资银行(Development Bank of Japan，DBJ)在融资方式上，也开始支持风险投资公司，以DBJ提供的知识产权作为抵押来进行融资。

（二）国内无形资产质押研究现状

我国1995年的《担保法》和2007年的《物权法》从法律层面上解决了无形资产是否可以出质的问题，国内学者对无形资产质押融资的研究，大多集中在无形资产质押融资过程中存在的一些障碍、问题，并就问题提出了相应的建议。

梅良勇和谢梦(2010)针对估值风险是影响无形资产质押贷款的专业问题，提出了基于模糊数学的质押无形资产估值方法。这个方法在收益法的基础上，把更多的影响无形资产价值的因素考虑在内，使银行可以有效地把控无形资产的贷款风险。

付雯潇和汪海粟(2011)指出在利用知识产权质押贷款业务中，银行需要承担较多的额外费用，且无形资产变现难，从而导致了信贷配给、逆向选择和违约风险，从而提出各个相关机构之间应该深化合作，采用差异化利率促进科技型中小企业获取贷款。

周润书和曹时礼(2012)介绍了东莞市无形产权质押融资遇到的瓶颈，并提出“北京大兴模式”和“佛山南海模式”是目前两种相对适合东莞开展知识产权质押融资的参考范本，并呼吁全国开展无形资产质押应该依靠政府部门、企业、银行、中介结构和社会大众发挥好各自的职责。

程守红和周润书(2013)总结了国内外开展无形资产质押贷款业务的六个政策工具，根据政策工具，将融资模式分为纯市场化、政府引导下的市场化、政府主导和政府指令四种模式，并指出政府引导下的市场化模式中的“财政支持＋政府信用再担保”类型在我国现阶段各个地区具有普遍推广性。

第二节　无形资产质押融资价值的评估方法

能否正确地选择评估方法，决定着无形资产质押融资是否可以顺利实现。当评估无形资产时，有许多方法可供选择，我们结合实际情况、现有的一些资料、历史经验和无形资产本身具有的特性，挑选出一种恰当的评估方法，使对无形资产的评估能够恰如其分地反映出自身的公允价值。《国际评估准则》和《中国资产评估准则——无形资产》，都提到了无形资产评估时三种常用的方法，即成本法、市场法和收益法。

（一）成本法

成本法的理论基础是经济中的替代原则，这个原理规定，一个物体或者知识产权不会比获得这个资产的成本高，无论获得该资产的成本是通过今天的购买价格或者用相同强度或效用的替代资产来测量的。Anson 等(2014)指出使用成本法时，无论是建立在历史的或者未来的成本上，往往要注意以下三方面：硬成本，如材料和资产收购；软成本，包括工程设计时间和开销；市场成本，包括广告和其他费用来建立一个无形资产的市场。

成本法的计算公式为

$$\text{无形资产评估价值}=\text{无形资产成本}\times\text{成新率}$$

或

$$\text{无形资产评估价值}=\text{无形资产成本}-\text{无形资产损耗}$$

1. 无形资产成本

评估无形资产价值时通常会选择历史成本法或者重置成本法。历史成本法可以根据开发无形资产时的成本或者购买时无形资产的成本来评估价值，一般企业都可以从会计账目中查到原始记录的数据；重置成本法是在现有的市价水平下，通过建造或者购买具有和原来无形资产相同或者相似的功能和效用的资产时的货币性支出来评估价值。

用历史成本法无法评估出无形资产未来的收益，不符合质押的要求，不利于无形资产质押融资的顺利实施，而重置成本则把无形资产的时间、货币价值考虑在内，因此，在运用成本法时，通常选择的是重置成本法。

2. 成新率

成新率是反映无形资产损耗对重置成本的影响，尤其是功能性贬值，其计算公式为

$$\text{成新率}=\frac{\text{剩余使用年限}}{\text{已使用年限}+\text{剩余使用年限}}\times 100\%$$

已使用年限的确定比较简单，剩余使用年限通常是聘请该领域的相关专家，通过对无形资产先进性、适用性和未来市场发展的趋势、当前的经济环境、政策影响等因素综合考虑，来进行预测无形资产的剩余使用年限。

3. 无形资产损耗

无形资产的损耗主要考虑其功能性贬值和经济性贬值，前者是指由于社会技术进步，使该无形资产的垄断地位日益下降，所获得的收益越来越少；后者是指由于国家经济政策的变化或者是行业竞争激烈引起的。

在运用成本法时需要考虑到一些专利技术以前是私人所有，如今已广泛应用在公共领域时，就不适合把这部分的成本算在里面了，还要考虑到科技型中小企业出于机会成本的考虑，可能会把进入市场的时间向后推迟或者拒绝进入市场。

由于成本法不能反映资产的盈利潜力，也没有考虑无形资产从开发、拥有其所有权、转让无形资产所有权，到利用无形资产带来的经济效益，这种方法在评

估时给出的往往是无形资产的最小值，对于在一些无法收集到资产特定收益的现金流时可以使用这种方法。

（二）市场法

市场法是基于资产的价格是由其内在价值决定的，只要它们具有相同的获利能力，它们在市场中的价格就应该遵循相同的经济原理，对无形资产评估时，可以通过比较相同或者相似资产最近的销售额、转让额等指标来得出无形资产的价值，选取的无形资产相似性越大，得出的价值越接近其真实价值。正如其名称所暗示的，使用市场法估值时，需要有一个真实、活跃的无形资产交易市场的存在，并且相关的交易数据、技术参数、可比较指标可以从市场上真实有效地获得。

不同的资产之间存在一定的差异性，即使是通过在活跃的交易市场类似的交易得到的数据也必须进行调整，这个差异称为调整系数，在无形资产中需要被估价。市场法的基本公式为

$$P=\frac{1}{n}\sum_{i=1}^{n}V_iA_i$$

其中，P 为无形资产的评估值；V_i 为第 i 个相似资产的现行市价；A_i 为调整系数；n 为相似资产的数量。

运用市场法进行估值，在西方国家广泛应用于房地产、技术设备、原材料等有形资产方面已经十几年了，然而大多数的无形资产交易的市场还没有建立，尤其是一些知识产权，专有技术出于保密性的考虑，没有对外公开，因此获得相似资产的交易数据比较困难；再加上我国的无形资产市场不是很活跃，市场法在我国的运用受到了很大的限制。另一方面，由于市场法是在最大限度上使用实际交易的数据，基于销售、转让、许可或者其他资产的类似活动中产生的，如果需要的数据能够被发现，它越来越成为首选的方法。

（三）收益法

收益法的基本原理是资金的时间价值，利用可以是或将要是从被评估的知识产权或者无形资产中产生的、确定的未来收入现金流进行贴现。收益法是一种广泛使用的知识产权估值方法，然而，也可以是复杂的。其计算公式为

$$P=\sum_{i=1}^{n}\frac{F_t}{(1+r)^n}$$

其中，P 为无形资产的评估值；F_t 为未来收入的现金流；r 为贴现率；n 为无形资产存在的时间。

从公式中可以看出，收益法涉及三个基本参数，即未来收入的现金流、无形资产存续时间及贴现率。虽然只有三个参数，但每一个参数在具体评估时又会涉

及不同的算法，因此收益法也是一种比较复杂的方法，不同的担保公司、评估机构在使用收益法估值时，由于选取的参数不同，会得出不同的结果，因此，必须决定如何测量“收入”归属于该资产。

1. 未来收入的现金流

财务方面涉及收入的概念有总收入、净收入、营业收入、净现金流量、总利润、净利润、息税前利润、利息、折旧及摊销前收入等，选择不同的收入口径，得出来的评估价值也会存在着细微差别。

郭民生(1996)在《技术资产评估方法·参数·实务》一书中提到，净现金流量以收付实现制为基础，计算时，把收益和货币的时间价值考虑在内，而且是税后指标，因此，国内外评估界一致认为应该把净现金流量作为预期收益额。国内受种种条件的限制，在评估实物中这样做的比较少。对于科技型中小企业在利用无形资产质押时，担保公司出于谨慎性的考虑，无论是通过第三方评估机构还是自己利用收益法粗略评估无形资产价值时，可以选取净利润、净现金流量等指标；当利用无形资产质押的中小企业经营状况健康，该项无形资产构成了企业经营和生产的核心要素，财务报表真实反映出企业的盈利状况，可以使用营业收入来估值。

未来收入的现金流还需要考虑企业的超额收益有多少是由无形资产带来的。即使一个品牌的产品或者一项新专利投入使用后带来了高于同行业40%的利润率，这40%的利润率也不完全归功于品牌、商标或者专利，还要受到企业的资金、营业能力等因素的影响。对于科技型企业而言，技术分成率在各个国家、各个行业都有不同的约定比率，夏阳和顾新(2012)指出，按国际技术贸易惯例，分成率一般在16%～27%。我国科技型中小企业固定资产较少，分成率达到35%左右，通过“三分法”，即资本、技术、管理来确定高新技术行业的分成率依次为30%、50%、20%。关于确定无形资产带来了多少比例的超额收益，也可以请评估机构的专家根据其自身行业经验和专业知识打分得出，郭民生(1996)在《技术资产评估方法·参数·实务》一书中提到技术资产分成率评估分析表，如表5.1所示。

表5.1　技术资产分成率评估分析表

序号	评估因素(U_i)	权重(A_i)	等级(V_j)	评分标准	分值(A_i, V_j)
1	技术创新梯度	A_1	91——100		
			81——90		
			71——80		
			61——70		
			51——60		
2	技术法律状态	A_2	91——100		
			81——90		

续表

序号	评估因素(U_i)	权重(A_i)	等级(V_j)	评分标准	分值(A_i，V_j)
2	技术法律状态	A_2	71——80		
			61——70		
			51——60		
3	技术创新成熟度	A_3	91——100		
			81——90		
			71——80		
			61——70		
			51——60		
4	与产业政策一致性	A_4	91——100		
			81——90		
			71——80		
			61——70		
			51——60		
5	市场需求及技术周期	A_5	91——100		
			81——90		
			71——80		
			61——70		
			51——60		
6	获利能力	A_6	91——100		
			81——90		
			71——80		
			61——70		
			51——60		
7	转让方式及受让条件	A_7	91——100		
			81——90		
			71——80		
			61——70		
			51——60		
8	研制成本	A_8	91——100		
			81——90		
			71——80		

续表

序号	评估因素(U_i)	权重(A_i)	等级(V_j)	评分标准	分值(A_i，V_j)
8	研制成本	A_8	61——70		
			51——60		
⋮	⋮	⋮	⋮		
i		A_i	91——100		
			81——90		
			71——80		
			61——70		
			51——60		

由专家确定各因素的权重 A_i，并确定各因素的等级 V_j，其中 $\sum_{i=1}^{n} A_i = 1$，再计算加权综合分数 $\sum A_i \times V_j$ 即可。这种层次分析法不仅适应于技术分成率，当涉及的无形资产是知识产权、商标等时，也可以使用类似的指标通过专家打分法得出无形资产在利润中的贡献比率。

2. 贴现率

关于贴现率的计算，经常用到下面介绍的三种方法。

1)贴现率＝无风险利率＋风险报酬率

在我国，国债基本上是没有风险的，所以通常采用国债利率作为无风险利率；风险报酬率主要是考虑到科技型中小企业由于在经营过程中面临的市场风险、法律风险、政策风险、财务风险和技术风险等，需要有一定的风险补偿企业才能正常经营下去。

2)加权平均资本成本

$$\text{WACC} = W_c K_c + W_d (1 - T) K_d$$

其中，WACC 为加权平均资本成本；K_c 为公司权益类资本成本；K_d 为公司债务类资本成本；W_c 为权益资本在资本结构中的百分比；W_d 为债务资本在资本结构中的百分比；T 为公司的所得税税率。

3)资本资产定价模型

由美国学者 Sharpe(1964)、Lintner(1965)和 Mossin(1966)在资产组合理论基础上发展起来的资本资产定价模型(capital asset pricing model，CAPM)，提供了计算贴现率的公式，即

$$E(r_i) = r_f + \beta_i [E(r_m) - r_f]$$

其中，r_f 为无风险收益率；β_i 为第 i 个资产的系统性风险；$E(r_m)$ 为市场的预期收益率。

3. 无形资产存在的时间

对于不同的无形资产，其收益期限的主导因素是不同的，专利、版权、商标、土地使用权等无形资产的存续时间可以由法律规定的有效期决定，像一些专利技术的收益期限则由其自身的技术功能所决定。《中华人民共和国专利法》(2008 年修正版)规定"发明专利权的期限为二十年，实用新型专利权和外观设计专利权的期限为十年"。其经济寿命可以请评估机构的专家根据历史经验，采用更新周期法确定；也可以根据当前经济环境、政策影响、技术进步、可替代情况等由评估机构直接给出剩余使用年限。

收入法以无形资产未来的获利能力为依据，具有较强的理论基础，其结果存在一定的可靠性，在评估时通过调整各个参数，统一参数口径，提供专业的敏感性分析，有利于进一步了解收入、贴现率、存续时间的影响因素。另一方面，由于收益法涉及的参数较多，评估机构在评估时可能会与要评估的企业相互勾结，选取有利于企业顺利拿到担保贷款的参数，导致担保公司对评估结果产生质疑，不利于担保贷款的顺利开展。这种方法受主观因素的影响比较大，未来现金流的超额收益、贴现率、无形资产剩余寿命等的评估存在一定的抽象性，专家打分的结果也可能千差万别，这些主观的态度将直接影响着评估结果。

（四）创新方法——期权定价法

Black 和 Scholes(1973)提出了著名的期权定价模型，即

$$C=SN(d_1)-Ke^{-rt}N(d_2)$$

其中，$d_1=\dfrac{\ln\left(\dfrac{S}{K}\right)+\left(r+\dfrac{\sigma^2}{2}\right)t}{\sqrt{\sigma^2 t}}$；$d_2=d_1-\sqrt{\sigma^2 t}$；$C$ 为欧式看涨期权的买权价格；S 为当前价格；K 为执行价格；r 为无风险利率；t 为距到期日的时间，以年为单位；σ^2 为收益率的方差；$N(d)$ 为标准正态分布随机变量 d 的累积分布函数。

企业买入无形资产主要是为了获得未来收益，运用无形资产进行投资和生产经营活动时产生的净现金流的现值高于标的资产的价格时，企业就会投资获得收益；反之，企业会放弃投资，因此无形资产就具有了看涨期权的特点。

由于 Black-Scholes 期权定价模型考虑到了风险因素，来确定资产的价格，无形资产在质押融资过程中也面临着各种不确定性，因此适合用期权定价模型来确定无形资产的价值。在具体运用 Black-Scholes 期权定价模型时，可以把 C 看做无形资产的评估值，无形资产投入生产经营后产生的未来现金流的现值看做当前价格 S，把初始成本看做执行价格 K，面临的风险看做标准差 σ，剩余的存续时间看做 t。

期权定价模型可以广泛地应用于科技型中小企业用矿产开采权、土地开发权等无形资产质押融资时对无形资产进行估值，很好地考虑到了无形资产在质押过程中的风险要素，有利于银行评估贷款的安全性，开创了一种新的评估方法。但在实

际操作中，数据的获得存在一定的困难，且计算复杂，需要不断地完善和发展。

第三节 无形资产质押融资价值的案例分析

➤案例一 天津市万康科技有限公司发明专利质押融资

一、背景

1. 企业概况

天津市万康科技有限公司(简称万康公司)是由四位自然人共同投资组建的有限责任公司。万康公司于2007年2月成立，其经营范围包括技术开发与咨询，自动化控制系统、液压系统，机电工程的设计、安装、调试，电脑图文设计制作，信息咨询(除中介服务)。万康公司注册资本为50万元，已由会计师事务所验证，并出具了验资报告。公司计划于近期进行地址搬迁。公司已于2007年2月被天津市认定为新技术企业。公司已领取贷款卡。公司无关联企业。

2. 技术与产品

万康公司的数字式无离合装置连铸机结晶器液面自动控制系统已于2009年8月19日被国家冶金工业局鉴定为国际先进水平；公司2009年被国家科学技术部列为技术创新基金项目，并获无偿拨款60万元。

万康公司现在主要有五大类产品，即连铸机结晶液面控制系统、转炉煤气微压控制系统、船闸液压同步升降控制系统、十八辊轧机超薄板带厚控制系统和多自由度核潜艇模拟装置。

万康公司的核心技术是一种带内导向装置的数字电动缸(已公开)及其同步系统(未公开)。

二、担保业务流程

1. 企业融资需求

万康公司申请贷款120万元，贷款期限为一年，贷款计划用于流动资金，还款来源为合同完成后的货款，企业并无反担保措施。

2. 融资担保机构对企业的评估分析

1)公司管理模式分析

万康公司法定代表人、董事长甲与公司董事、总工程师乙两人是夫妻关系，2007年创立万康公司，其主要发明有可调式同步阀、自调式同步阀、数字缸、数字油缸、一种带悬浮阀的长寿命液压蓄能器、一种带内导向装置的数字电动缸等。

万康公司具有很浓的家族色彩，其主要人员大部分具有亲属关系。公司已签订五个连铸机结晶液面控制系统合同，一般情况下，公司要求的付款方式为“361”，即预付款为合同标的 30%，安装调试后收 60%合同款，剩余 10%作为质保金。太钢项目由于有国外公司参与竞标，公司取消了合同预付款，其付款方式为安装调试后收取 95%货款，剩余 5%作为质保金。

2)企业资信分析

未发现万康公司有历史还贷付息情况、拖欠工资情况、拖欠材料款情况等。

3)企业财务状况分析

万康公司账表相符，有专职财务人员，凭证规范。

万康公司成立于 2007 年，当年实现收入 200 多万元；2008 年销售收入比 2007 年增长 42.6%，增幅较大。由于 2012 年钢材涨价，与公司签订销售合同的各钢铁公司均将技改项目推迟，从而导致已签合同执行及回款的推迟。同时由于公司在 2012 年年初对自身财务形势过于乐观，没有考虑到可能的钢材市场价格变化及其他风险对公司的影响，大笔投入固定资产购买，致使公司资金紧张。公司预收账款金额为 137 万余元。

3. 融资担保方案设计

首先采用收益法对企业的专利技术进行评估，企业的相关财务数据见表 5.2。

表 5.2　2007～2009 年万康公司财务数据

项目	2007 年	2008 年	2009 年	合计
销售收入/万元	213.822	304.992	415.026	933.84
年增加额/万元		91.17	110.034	201.204
年增长率/%		42.64	36.08	
净利润/万元	27.489	37.298	59.704	124.491
销售净利润率/%	12.86	12.23	14.39	

对无形资产进行评估及对未来实现的收益进行预测时，担保公司采用了李佳媛①评估的方法，2007～2009 年，平均每年增加的销售收入为 201.204/2＝100.602，担保公司认为这一增长形势延续 2 年，第 3 年与第 2 年情况相同，第 4 年和第 5 年开始呈下降趋势。销售净利润率平均为(12.86%＋12.23%＋14.39%)/3＝13.16%，则企业 2010 年的收益为(415.026＋100.602)×13.16%＝515.628×13.16%＝67.856 6 万元，企业 2011 年和 2012 年的收益为(515.628＋100.602)×13.16%＝616.23×13.16%＝81.095 9 万元，企业 2013 年的收益为(616.23－100.602)×13.16%＝515.628×13.16%＝ 67.856 6 万元，企业 2014 年的

① 李佳媛．无形资产评估理论及方法探讨．成都：西南财经大学，2002.

收益为(515.628－100.602)×13.16%＝415.026×13.16%＝54.6174万元。

由于该项专利技术是该科技型企业经营和生产的核心要素，按照高科技型企业三分法，担保公司认为技术分成率为50%；一般专利技术的使用年限为10年，此专利已经使用了3年，还剩下7年，出于谨慎性的考虑，担保公司认为该专利的剩余使用年限为5年。我国2010年第二期储蓄国债(电子式)3年期的年利率为3.73%；根据《资产评估操作规范意见(试行)》①，企业的风险报酬率为3%～5%，担保公司认为企业的风险补偿率为5%，这也是出于谨慎性的考虑，风险补偿率越高，无形资产评估价值越低，则贴现率为3.73%＋5%＝8.73%，该无形资产的评估值为

$$\frac{67.8566\times0.5}{(1+8.73\%)^1}+\frac{81.0595\times0.5}{(1+8.73\%)^2}+\frac{81.0595\times0.5}{(1+8.73\%)^3}+\frac{67.8566\times0.5}{(1+8.73\%)^4}+\frac{54.6174\times0.5}{(1+8.73\%)^5}=139.2626(\text{万元})$$

经过评审，担保公司认为万康公司是一个处于初创期的企业。其技术先进，技术应用前景广阔，公司产品利润率高(达40%)，是政府重点扶持的对象。如前所述，担保公司认为在万康公司同意以其核心技术的发明专利申请作质押及其他反担保措施的情况下可以向万康公司提供60万元9个月的流动资金贷款担保。当无形资产质押率为0.5时，无形资产的质押价值为139.2626×0.5＝69.6313万元，一旦不能及时偿还债务，无形资产可以偿还60万的贷款。

三、风险控制

1. 反担保措施

(1)以公司实际控制人个人所拥有的住宅抵押为主，具体见表5.3。

表5.3　公司实际控制人个人所拥有的住宅抵押

名称	位置	面积/平方米	证明文件
×× 个人住宅	虹桥区咸阳路29号	63.73	产权证

(2)以公司拥有的两部汽车作抵押，具体见表5.4。

表5.4　公司拥有的两部汽车作抵押

名称	购入日期	购入价值/万元	所有权人	证明文件
09款凯美瑞	2008年5月14日	22.18	万康公司	发票及行驶证
第八代雅阁	2009年3月19日	22.98	万康公司	发票及行驶证

① 中国资产评估协会．资产评估操作规范意见(试行)．1996.

(3)以公司核心技术的发明专利申请作质押为辅，建立组合反担保方案。

根据万康公司提供的资料可知，公司董事拥有一名称为“一种带内导向装置的数字电动缸”的发明专利申请，并且目前该申请已公布。该技术是公司目前重点推广项目的核心技术，将该发明专利申请的申请权作为反担保措施较为适宜。

2. 监管措施

鉴于万康公司有资金管理失当的经历，公司提供的反担保措施不足，建议设立双方共管的贷款专用账户，并且规定公司的销售回款必须入此账户。

➤ 案例二　嘉兴市怡博基因工程公司知识产权技术质押融资

一、背景

1. 企业概况

嘉兴市怡博基因工程有限公司(简称怡博公司)成立于2004年10月，注册地址为嘉兴市秀洲区，目前办公地点位于中山路丽都广场商务楼B座，注册资本金3 000万元，现公司的股权结构为：怡博公司以货币出资占股份38%，某科学技术研究中心占股份30%，公司法人代表持股份32%。

怡博公司拥有一流专家、博士后、博士和硕士研究人员20多人。在公司法人代表的带领下，建立了标准化的干细胞分离、检测、培养、扩增和保存的配套工艺技术和质量控制体系。运用自主知识产权建成了全球首个某型干细胞库。2005年2月，怡博公司被嘉兴市科学技术委员会和嘉兴市财政局认定为嘉兴市高新技术企业。

2. 技术与产品

怡博公司主要从事细胞治疗产品、基因工程抗体、抗感染性疾病疫苗等产品的开发与研究。

3. 企业竞争优势

怡博公司是根据国家发展和改革委员会(简称国家发改委)“发改高技号”文件精神组建的细胞产品国家工程研究中心项目法人公司，自成立之初就得到国家及地方财政的大力支持，其中国家发改委提供补助资金3 000万元。秀洲区管理委员会也做出承诺将以厂房租金补贴、科研项目基金配套、研发设备投入、土地费用补贴、贷款贴息等形式进行3 000万元的配套支持。

2012年，怡博公司同嘉兴市各大医院签订了合作协议，有着很好的发展前景，2013年的干细胞存储收入已突破4 000万元。

二、担保业务流程

1. 企业融资需求

怡博公司申请银行贷款担保 800 万元，期限为 12 个月，贷款用于补充流动资金。怡博公司的还款方式为以经营性货币收入到期一次性归还。提供贷款银行为招商银行。

2. 融资担保机构对企业的评估分析

怡博公司经营业绩良好，2011 年销售收入实现 3 036.9 万元，利润总额 708.61 万元；2012 年实现销售收入 3 239.36 万元，利润总额 404.92 万元。连续两年的经营活动现金流量净额均为正值。公司综合偿债能力较强，运营情况良好，企业各项财务指标合理。

三、风险控制

反担保措施主要有以下内容。

(1)以怡博公司拥有使用权的国有土地提供抵押担保，评估价值 300 万元，抵押价值 270 万元。

(2)以怡博公司自有机器设备提供抵押担保，评估价值 700 万元，抵押价值 330 万元。

(3)以怡博公司自主知识产权专利提供质押担保，评估价值 1 000 万元，质押价值 500 万元。

(4)怡博公司法定代表人承担个人无限连带责任保证担保。

四、项目评析

怡博公司经营状况良好，无形资产构成了企业生产的核心要素，受到国家及地方财政的大力支持，给企业带来了很好的发展前景，且与土地使用权、设备共同构成了反担保措施，因此担保中心同意担保，年担保费率为 2.5%。

案例三 盐城市梅隆科技有限公司专利技术质押融资

一、背景

1. 企业概况

盐城市梅隆科技有限公司(简称梅隆公司)成立于 2007 年 8 月，注册地为盐城市，注册资金 1 亿元。公司经营范围包括：农作物新品种的研究及产业化；农作物种子的生产；农产品深加工技术的产业化及其产品销售；生物肥料、农药、饲料销售；水稻种子批发、零售；农作物种子批发、零售；农业技术咨询服务、信息咨询服务及相关培训。

2. 技术与产品

梅隆公司目前拥有多个优质杂交稻品种及鱼粉、农副产品。鱼粉作为一种不可取代的动物性蛋白质饲料，是我国稀缺资源，公司主要从秘鲁和南美进口，产品品质稳定，销售市场广阔，上下游客户稳定。

3. 企业竞争优势及可能问题

梅隆公司是盐城市唯一一家由农业部颁发的现代农业高科技企业，是国家杂交水稻工程技术研究中心的依托单位，是盐城市专利试点单位，是亭湖区文明企业。梅隆公司联合全国50余家主要研究杂交粳稻的科研单位和企业，创立了中国杂交粳稻协作组和中国杂交水稻联盟，是协作组和产业联盟的办事机构，拥有隆平、袁氏种业、袁氏米业三个注册商标，出版的专著填补了国内外该行业缺乏权威专著的空白。

梅隆公司始终秉承以人为本的人才战略，打造了一支管理、科研、产业化三位一体，优势互补的创新型团队，实现了企业家与科学家、资本与技术的完美嫁接，团队的综合竞争力极为明显。公司拥有试验中心和种业、米业生产线，在全国多地拥有试验和良种繁育基地。公司的研发成果由下属专业化公司进行成果转化和产业化，按地域在南北方各设有两个子公司，专业从事种子的选育、种植、销售。

二、担保业务流程

1. 企业融资需求

梅隆公司此次申请续担保1 000万元，期限一年，用于原材料采购，以销售收入作为还款来源，贷款银行为盐城市中国农业银行环城支行。

2. 融资担保机构对企业的评估分析

2012年梅隆公司总资产近1.720 9亿元，负债总额为5 600多万元，全年销售收入1.619 7多亿元，净利润为708.61万元；2013年公司资产为1.822 1多亿元，负债总额为6 782.41万元，全年销售收入2.024 6亿元，净利润为131.599万元；主要财务指标资产负债率为41%，流动比率为1.9，速动比率为1.6。

据企业财务负责人介绍，2014年3月净利润亏损较大是因为：公司销售受季节性影响较大，销售收入大部分在每年年底实现；产品本身研发周期时间较长，前期投入较大。

三、风险控制

反担保措施主要有以下内容。

(1)企业名下某房地产提供二次抵押，评估价值3 100万元，抵押价值1 000

万元(银行抵押价值 1 700 万元)。

(2)发明专利技术质押，质押价值 500 万元。

(3)法定代表人承担个人连带保证。

四、项目评析

梅隆公司以固定资产抵押为主，在固定资产足以覆盖风险敞口的情况下，该无形资产质押起到了锦上添花的作用，担保中心同意立项。

➤案例四　连云港市格润环保设备有限公司专利技术质押融资

一、背景

1. 企业概况

连云港市格润环保设备有限公司(简称格润公司)成立于 2008 年 6 月，为香港合资企业，注册资本 5 000 万元，其中企业法人代表占注册资本 75%，香港金苑国际有限公司占注册资本 25%。

2. 技术与产品

格润公司主要经营各种收油机、围油栏、动力机、船载内嵌式溢油回收系统和消油剂喷洒装置。

3. 企业竞争优势及可能问题

格润公司与国际上领先溢油行业的知名企业合作，该合作公司是美国专业的生产溢油回收设备的厂家，是世界环保设备的主要供应商。格润公司通过自身研发并借鉴国外先进技术，成功创立自主品牌，性价比大大优于国外产品，并获得多项专利，是连云港市高新技术企业，2012 年 2 月被连云港市科学技术委员会评为“连云港市重点实验室”。

目前，格润公司致力于以下新项目的开发：①与中国科学院电子研究所等单位共同开发的某项目，多项技术将填补国际、国内空白，并获交通运输部大力支持；②计划与美国实验室合作某项目，建立国内唯一一家专业实验室等四个重大项目；③无人艇项目将作为海事局管辖的港口码头设备库的配套项目，将用于海底石油管道检测；④增加化学品泄漏回收项目。

近几年来海上溢油事故频发，国家建立了海上溢油事故应急预案，各地方纷纷加大对控制及清除溢油设备的采购量，在这种大环境下格润公司发展迅速，并在从化区现代产业园购买了 3 万多平方米的土地，用于扩大生产及建立国内首家海上应急研发中心，总预算投入 7 000 多万元，企业预计今年销售额将达到 1.5 亿元。

二、担保业务流程

1. 企业融资需求

此次，格润公司申请续担保 1 000 万元，期限为一年，分两笔操作，贷款银行分别为锦州银行、哈尔滨银行，贷款用于采购原材料。

2. 融资担保机构对企业的评估分析

根据格润公司提供的报表显示：2011 年累计销售收入 9 110.7 万元，净利润 1 518.45万元。截至 2012 年 2 月，资产总计近 1.720 9 亿元，短期借款项部分用于其在建项目，资产负债率为 57%，流动比率为 1.7，速动比率为 1.2。

报税收入 5 000 多万元，目前企业由于在建项目贷款规模偏高，但企业发展趋势较好，产品附加值较高，所研发产品有市场且获交通运输部等相关单位高度重视，门槛高，市场竞争力较强，发展潜力好。

三、风险控制

反担保措施主要有以下内容。

(1)以位于开发区的 3 套个人房产抵押，建筑面积共计 400 多平方米，评估价值 500 多万元，抵押金额 461 万元。

(2)以两项发明专利质押。

(3)法定代表人承担个人连带保证责任。

四、项目评析

虽然格润公司的固定资产抵押不足以覆盖风险敞口，考虑到该企业是连云港市“重点实验室”，该企业研发的产品具有广阔的市场，发展潜力好，所以该发明专利构成了企业生产和经营的核心要素，在未来能给企业创造高额收益，且该企业经营稳健，因此担保中心同意立项，允许该企业用无形资产质押覆盖风险敞口，年担保费率为 1.5%。

第四节　无形资产质押模式案例分析

上述案例中，案例四担保费率仅为 1.5%，在整个担保行业，费率属于相对较低，原因在于该担保机构是当地财政局下属事业单位，服务于该区域内企业的担保贷款。该担保机构服务的企业主要包括高科技企业、先进制造企业、民营企业等，担保业务具有很强的地域性，与该区招商引资相配合，为区内企业服务，对区域经济起到了推动作用。在政策支持的背景下，对所有企业实行 1.5%的统一担保费率，抵押物折扣高达九折，而银行抵押物折扣一般为六七折，对企业还款期限有七天宽限期，另外，对当地企业还有财政返还优惠，大大降低了企业财务成本，缓解了企业还款压力。

目前收集到的案例中基本上没有利用无形资产单独质押融资的案例，很多案例都是企业在以固定资产为主，无形资产为辅的情况下获得的担保贷款。一方面是由于银行基于自身发放贷款安全性的考虑，主要是因为无形资产创造的未来价值存在着巨大的波动性；且在面对无形资产估值时涉及的方法多种多样，参数选取口径不一，得出的估值结果不同；评估机构缺乏诚信监督，由于评估价值与评估费用通常情况下是成正比的，逐利行为使一些评估机构在评估过程中掺假，甚至存在幕后交易情况，导致无形资产的价值确定困难重重，银行没有合适的方法来正确估出无形资产的价值；且无形资产缺少活跃的交易市场，处置、流通、变现难，一旦贷款企业不能正常偿还贷款，银行处置无形资产便有困难。另一方面是因为科技型中小企业利用无形资产质押贷款业务在我国的发展进程比较缓慢，由于一些担保机构专门利用无形资产质押的案例正在进行中，出于保密性，很多资料没有办法公开，这也导致了本书收集到的无形资产质押案例是有限的。

因此，希望未来科技型中小企业在利用无形资产质押融资时，充分发挥政府机构在担保过程中的平台作用。政府机构可以拿出一部分资金作为专项担保基金，和专业的担保公司合作，作为担保公司的风险补偿，从而给当地高科技企业以政策支持，降低其财务成本压力，从而激励担保公司支持高科技企业的成长与发展。

银行逐步加强对无形资产的认识，与各方合作机构建立协调与制约机制，参与无形资产质押贷款的各方机构按贷款额度承担相应的经济责任，从而促使评估机构在评估时能保持公平、公正、公开的原则，从企业实际出发，从企业自身偿债能力的角度进行合理评估。

担保机构在对企业开展深入调查时，要结合企业经营的健康程度、未来盈利能力、企业管理水平、无形资产的有效性，以及无形资产是否构成了企业经营和生产活动中的核心要素、市场前景等，灵活开展无形资产质押的案例，支持那些具有发展前途和竞争优势的科技型中小企业。同时，在贷款发放后，协助银行加强贷后管理工作，全程监管贷款流向，帮助科技型中小企业完善财务体系、加强市场化运作、规避经营风险，同时考虑到一些专利技术是否因为公开使用、当前经济环境、竞争因素等存在贬值现象，提醒银行是否需要追加担保物。通过政府机构、银行、担保公司及第三方评估机构的共同努力，为科技型中小企业无形资产质押融资创造良好的贷款环境，服务于当地经济发展。

第六章
“信托＋担保”模式研究

第一节 “信托＋担保”概述

一、信托的概念

信托，即信任与委托。其中，信任是委托的前提和基础，委托是信任的外在形式，信托就是由信任和委托两者有机的结合而构成的行为整体。简而言之，信托就是委托人(债务人)基于信任把财产权转移至受托人，受托人(信托公司或银行)为受益人(债权人)的目的或利益管理和处置信托财产的行为。

信托，于13世纪起源于英国，经历了漫长而复杂的发展历史，在不同法系和社会背景下，从不同的范畴考察，形成了不同的定义。英国学者认为：信托是一种法律关系，在这种关系中，一个人同时拥有财产权利并且负有信托义务，为他人的利益而使用此属性。美国学者普遍认为：信托是一种财产使用与管理的方式，通过这种方式，业主有义务为他人的利益而处理财产。日本的学者为信托做出如下定义：特定人依照信托的方法，按照一定目的，来实现财产管理及处分等目的。

《中华人民共和国信托法》(简称《信托法》)第2条明确指出：信托是指委托人基于对受托人的信任，将其财产委托给受托人，由受托人按委托人的意愿以自己的名义，为受益人的利益或者特定的目的，进行管理或者处分的行为。

尽管各国对信托定义的表述不尽相同，但信托依据的都是一定的财产关系，并随着社会经济的发展逐步制度化、法律化。在现代市场经济条件下，信托和信用有机结合起来，成为金融业不可或缺的一部分。通常认为，信托是一种经济行为，是指委托人基于自己或第三人的利益，委托信任的组织或个人管理或经营自己的财产的经济活动。信托是一种财产管理制度，它以信任为基础，以财产为核心，以委托和受托为方法的管理体制。

二、担保的概念

担保是指在法律中，以债务人的特定财产或信用为保证，以此来督促债务人按照约定履行其对债权人的债务，从而保证债权人债权得到实现的一种制度。它本质上是一种承诺，用来约束担保人和被担保人的行为方式。担保一般发生在经济关系中，如果被担保人到期不履行承诺，一般由担保人代为履行。担保通常分为口头担保和书面担保

三、信托与担保的共同点

1. 权力的设定

无论是担保物权，还是信托受益权，都可以通过第三人提供特定财产而设定。具体地说，担保物权可由债务人提供特定财产而设定，亦可由第三人设定。至于信托受益权，既可以由委托人设定自益信托(自己兼受益人)，也可以通过委托人提供财产，将其转移给受托人代为管理，并指定受益人享有相应的信托财产利益(这是他益信托的情况)(唐义虎，2005)。

2. 独立性及物上代位性

绝对性、优先性和追及性是担保物权的三种特性，而受益人在信托财产上的相关利益(通常是受益权)也是具有绝对性、优先性和追及性的。其中，关于担保物的独立性，极少有人论述，但实际上这是不言而喻的，因为，一方面，债务人或提供担保的第三人对于担保物的所有权受到限制，不得随意处分担保物，所有权人的债权人在债务到期之前也不得对担保物申请强制执行；另一方面，担保物权人在其债权清偿期到来之前也不能通过担保物的处分而受偿。(唐义虎，2005)

四、信托型担保的概念

信托型担保是委托人在信任受托人的基础上，把财产转移给受托人；受托人以受益人的利益实现为目标，以自己的名义管理和处分信托财产。信托型担保的目的是担保某特定债权。具体而言，委托人将自己的财产以信托财产名义提交给受托人后，委托人若能按照约定履行债务，则信托合同终止，受托人将信托财产返还给委托人；如果委托人不能按照事前的约定履行清偿债务的约定，那么受托人将信托资产相当于债务的部分进行变现处理，或者直接将财产权转移至受益人名下；如果信托财产的价值不能充分清偿债务，委托人仍需要继续偿还剩下的债务。由此可知，信托型担保是基于信托的一种形式，以独立的信托财产权为债权人提供担保，其目的在于对债权人的债权进行担保。

五、信托型担保的类型

1. 信托契书

信托契据(信托或信托契约)，又称信托抵押，是指债务人以将自己的财产通过契据的方式转让给受托人的方式，融得资金，通过信托的资产来保障债权人利益的一种担保方式。当债务人无力偿还债务时，债权人(即信托担保人的受益人)有权指示受托人通过变卖信托财产取消债务人对标的物的取回权，并以变卖所得价款实现债权人的债权。

2. 设备信托

设备信托是企业购买大型设备，如机械、船舶，特别是铁路设施，所常用的融资方法。信托银行将购买大型设备的资金支付给设备提供商，企业分期缴纳货款给信托银行，为了保障信托银行的债权，大型设备的所有权在企业付清所有欠款前属于信托银行，但企业无力支付欠款时，信托银行有权收回设备。

3. 信托收据

信托收据(trust receipt 或 trust letter)是国际上一种重要的担保方式。有购买需求的企业向银行或者其他债权人获取资金，在签订借款合同的同时，达成担保协议。通过这份协议，货物的所有权不属于购买的企业，而是通过厂商转移到债权人的手中，可以在帮助企业完成购买需求的同时，有效地保护债券人的利益。

4. 动产信托

担保是由债务人作为委托人将动产的法定所有权转移受托人，当债务人不履行债务时，受托人有权将信托的动产处理掉，以其价款交付给债权人，实现其债权。

六、信托型担保的特点

在英美法系中，信托财产具有双重所有权的特性，这使信托担保与传统的担保法下的担保方式(包括抵押、质押和保证合同)相比，具有其独特的担保优势。具体而言，委托人可以通过对其享有所有权的财产对其债务进行担保，该财产一经交付便成为信托财产，受托人便取得了信托财产的名义所有权，受益人作为信托财产的实际所有权人，有权主张信托利益。一旦债务人不能履行债务，受托人即以其享有的信托财产的所有权担保受益人债权的实现。这种建立在对财产拥有所有权基础之上的对债务的担保，不仅是对担保物权从属性规则的突破，并且比抵押、质押、保证等传统担保制度中的担保方式更加安全可靠。我国《信托法》虽没有确立信托财产的双重所有权，但公众对我国信托制度也存在一定共识，即信托财产的独立性。这种独立性主要体现为以下几个方面：独立于委托人及受托人名下的其他财产；受托人对信托财产拥有独立的管理和控制权利；受益人可以主张独立的信托财产之上的独立的支配利益权。

由此可见，信托型担保方式的特点是，受益人通过对独立的信托财产的支配利益来保证债权的实现。在信托型担保模式下的债权债务关系中，信托公司为实际保证人，并且信托财产的独立性赋予了受益人优先于委托人和受托人的权利，在委托人无力偿还债务时，受益人享有优先受偿权，具有物的担保效力，兼具人保和物保的双重属性。即使委托人破产，作为受益人的债权人利益也不会因为没有设置《担保法》中的担保形式，而滞后于其他债权人，反而基于信托财产的独立性，从无担保的债权人变成优先于其他债权人的受益人。由此，将最大限度地有效保护受益人利益，这是《担保法》中的传统担保方式难以实现的(陈冠华和陈燕锋，2006)。

七、信托担保的模式

中小企业在信托融资过程中主要涉及信托公司、担保机构、资金保管银行、信托受益人和融资企业五方面的主体。

信托公司为中小企业融资一般需要满足以下几个条件：第一，信托交易的对手是境内合法存续的企业实体；第二，信托公司向借款人发放贷款需要满足相关法律法规规定；第三，担保公司应提供连带担保责任，并签署《保证合同》；第四，信托公司需要与借款人签署《贷款合同》，并落实实际控制人连带担保的责任。

目前中小企业集合信托模式主要包括大额定向合作模式、“打包债”模式、区域产业支持模式、“资金池”模式、类基金模式及路衢模式。

1. 大额定向合作模式

大额定向合作类信托是有担保机构参与的中小企业集合信托模式，中小企业可以通过两种方式获取资金，第一种是向信托公司提出贷款意愿，与信托公司谈定方案后引入担保公司作为增信；第二种是信托公司与实力较强的担保公司进行合作，担保公司为信托公司推荐需要融资的中小企业。委托人通过现金认购的方式认购信托公司发行的中小企业融资集合信托计划，信托公司将募集的资金贷款给指定的中小企业，收取相关的手续费后的信托受益归信托受益人所有。

另外，为了控制贷款的风险，一些信托公司会计提贷款本金的5%～10%作为贷款损失准备金，存放在信托计划项下的监管账户中。准备金在监管账户中无法支取，但相关法律文件中约定准备金对应的利息由借款人承担，同时可以约定借款人支付利息和归还本金的时间。

此类业务被称为“中小企业融资”，但其实更类似普通工商企业贷款，只是企业规模较小，或缺少比较有说服力的担保物，产品规模一般3 000万～5 000万元以上。

2.“打包债”模式

“打包债”模式是中小企业融资结构中较为传统的业务结构，通过将一些融资规模较小的企业捆绑打包，一起募集资金，这些中小企业一般是经营业务、规模类似的企业，同时也需要引入担保公司提供增信。信托公司发行中小企业融资集合信托计划，委托人进行现金认购，信托公司再将募集的资金贷款给指定的多个中小企业。

另外，一些信托公司对此类信托融资模式进行了变形以降低产品的风险，主要有两种变形方式：第一种，通过担保公司将融资企业支付的保证金(一般为融资额的10%)认购为信托次级作为增信；第二种，融资企业之间可以互保，或者提供其他担保物以提高自己的信誉。

“打包债”模式适合融资企业单个规模不大，且水准在可接受范围内参差不齐，单独在信托渠道融资的难度较大，通过参加担保公司的整体打包方案获得资金。

3. 区域产业支持模式

区域产业支持型信托产品是一种市场主流的产品类型，占已成立的信托产品的大部分。信托公司发行信托计划，委托人进行现金认购，信托公司一般会将募集的资金贷款给多个有政策引导的中小企业，有明显的地域特征。

此类信托产品一般符合国家的产业政策，重点针对某一特定区域范围内的多家企业进行融资安排，往往和当地政府产业扶植政策相关，获得带有当地国资背景的担保公司进行担保，一般属地化特征明显的信托公司容易获得此类业务机遇。信托公司可通过与政府，特别是当地政府积极接触寻求政策优惠和政策补贴，所以区域产业支持模式的中小企业信托产品的综合融资成本一般较低。但同时，由于此类项目区域特征比较明显，信托公司应充分考虑区域经济的发展情况，降低风险。

4.“资金池”模式

“资金池”类中小企业信托模式是指信托公司通过发行连续多期，或分为多笔，滚动式成立集合资金计划，形成系列化中小企业集合信托产品，为某一区域或领域的中小企业筹集资金的信托模式。

从现存的“资金池”模式的信托类型来看，主要分为两种。一种是信托公司通过一个或几个信托计划筹集资金，将资金投向某一项目。这种信托计划为客户提供流动性，允许客户进行申购和赎回。在资金与项目配对上，形成一对一或多对一的模式。另一种是信托公司在寻找到投资项目之前，就设立类开放式基金的信托计划，允许委托人赎回，即资金与项目配对上为多对多方式。一对一的模式和普通信托没什么本质上的区别，多对一模式是分散风险的一种创新探索，不属于严格意义的“资金池”模式，具有基金化的特征[①]。

5. 类基金模式

此产品信托募集时没有确定的融资对象，由信托公司先行募集，该模式引入管理公司，通过听取信用顾问(即管理公司)的建议，信托公司再行决策资金的投放。信托公司设立中小企业集合信托计划，委托人通过现金进行认购，同时引入担保公司，担保主体均是有实力的大型企业。信托计划成立以后，受益人一般可以转让信托的收益权，也可以主动要求部分或全部赎回。

类基金模式信托是将私募基金的一些通用管理方式引入传统集合信托设计架构中，以信托型基金为平台进行行业资源整合和风险缓释，以更加有效的方式为中小企业提供资金融通的服务。一般的类基金类信托产品都会设有风险准备金，留存于信托专用专户，以降低相关风险，保全投资者利益。

6. 路衢模式

路衢模式与前面介绍的几种信托融资模式有所不同，它在中小企业、信托公司、担保公司三方的基础上引入了风险投资和政府，形成“政府、信托、企业、担保公司、风险投资”多方参与的模式。

路衢模式是以财政资金为引导，以债权信托基金为平台，吸引各类社会资金，按项目模式集合性地对一批中小企业给予融资支持。路衢模式将符合条件的中小企业打包整合，集体融资使过程简化，方便了企业的融资；同时，扩大了融资的主体，将政府、社会投资者引入中小企业融资保障体系里，按照各个投资者的风险偏好设计风险与收益分配制度，满足各层次的投资者的需求。

第二节 理论模型

一、企业信用担保机构的定价方法[②]

(一) 固定担保费率

我国多数担保机构采用该方法。固定担保费率一般确定为不超过中国人民银行规定的同期标准贷款利率的50%，即担保费=担保金额×期限×固定担保费率。固定担保费率定价方法简单，易为担保机构和中小企业接受，但不够灵活。根据该方法，决定担保费大小的主要因素是担保费率的高低，而担保费率的确定主要依据同期贷款利率。

---

① 银监会广东摸底千亿信托资金池 停止对新产品审核．新浪财经，http://finance.sina.com.cn/money/bank/bank_hydt/20121027/004113495488.shtml.

② 朱彤．中小企业信用担保产品风险研究及计算实验定价．2012. 天津财经大学硕士学位论文．

（二）固定担保费率加浮动担保费率

该方法有一定比例的固定担保费率，但是如果担保系统出现预警，可以浮动征收担保费率。这种定价方法与固定担保费率相比，方法灵活且简单，但是易在担保机构与中小企业之间出现分歧。

（三）固定担保费率加等级担保费率

该方法有一定比例的固定担保费率，与此同时，在担保额超过一定数额的情况下，加收不同比例的担保费。这种方法是根据担保规模不同来确定不同的担保费率。如果超过一定规模的担保资金，因其风险较大，对超过部分加收较高的担保费率，如同个人所得税率的确定。该方法较为复杂，收费也较高，考虑担保费按其风险大小来收取比较合理(朱彤，2012)。

二、基于 VaR 方法的担保定价

（一）VaR 的定义

VaR (Value at Risk)从英文翻译过来的意思是，基于风险的价值。它是用来衡量在市场，在正常波动的情况下，资产组合或金融资产可能的最大损失。其数学定义为

$$P(\Delta P_{\Delta t} \leqslant \mathrm{VaR}) = \alpha$$

其中，$\Delta P_{\Delta t}$表示在给定的 Δt 时间内，资产组合或金融资产可能的价值损失；α 为给定的概率，即在 Δt 时间内，资产组合或金融资产的损失超过 $\Delta P_{\Delta t}$的概率不超过α。

（二）基于 VaR 模型的一阶段担保定价模型

担保的定价主要是基于担保损失的风险，即担保机构通过计算项目的可能损失值来确定担保费率从而来弥补可能发生的损失。VaR 定价模型便是一种可以确定担保资产最大损失风险的定价方法，具体又可以分为绝对 VaR 和相对 VaR 两种。绝对 VaR 是相对于初始时期资产价值的损失，与期望值无关，计算公式为

$$\mathrm{VaR}(\text{绝对}) = S_0 - S^* = S_0 - S_0 \times (1 + R^*) = -S_0 R^* = -S_0(c\sigma + \mu) \quad (6.1)$$

其中，S_0为某一资产的初始价值；R^*为资产最低收益率($R^* < 0$)；μ 为在目标期间内资产的平均收益率；c 为标准正态偏差；σ 为资产价值波动率；S^*为该资产期末的最低价值。

相对 VaR 是对资产收益率期望值或均值的损失，其计算公式为

$$\begin{aligned}\mathrm{VaR}(\text{相对}) &= E(S) - S^* = S_0(1+\mu) - S_0 \times (1 + R^*) \\ &= -S_0(R^* - \mu) = -S_0 c\sigma \end{aligned} \quad (6.2)$$

式(6.1)和式(6.2)是绝对 VaR 和相对 VaR 定价模型的计算公式，分别对应着在某一时间段内特定资产的预期绝对最大损失和相对最大损失值。两者的差量为 $S_0\mu$。这一差异主要和期限的长短有关。具体说来，短期内平均收益率通常较低，即 μ 趋于零，绝对 VaR 和相对 VaR 计算结果相近；相反，如果期限较长，平均收益率较高，则 $S_0\mu$ 为该时间区间内标的资产的平均收益，也可近似于对资金时间价值的“预算”。所以，相对 VaR 模型计算结果可以看做目标资产在特定区间内相对于零的损失(绝对最大损失值)与对资金时间价值的“预算”之和。相对 VaR 计算结果代表资产实际最低收益对于资产平均收益的偏离，以此来衡量风险在概念上更为合适。显然，绝对 VaR 模型适用于期限较短的金融交易的风险度量，而中小企业贷款期限通常为一年以上，此时利用相对 VaR 则更加合理。

(三)基于 VaR 模型的两阶段担保定价模型

一阶段 VaR 担保定价模型是高度简化的模型，与之相比，两阶段模型在中小企业信用担保的定价中应用得更加广泛，在担保实务中，VaR 通常分为两个阶段，先是担保机构为中小企业进行信用担保以向金融机构融资；当借款企业发生违约不能偿付时，担保机构需要代替履行担保义务，此为代偿，与此同时，担保公司获得了对借款企业的追偿权，在这种情况下担保机构可以要求企业破产清偿或者进行债务展期。在后一种情况下，担保风险就包括了两个方面，既有企业对银行贷款的违约风险，又有企业对担保公司的展期债务的违约风险，即所谓的两阶段的风险。目前我国中小企业正处于成长期，担保行业也刚刚起步，因而，信用担保费一般会正常取得并逐渐积累。但是，随着担保行业的发展及中小企业的成熟，代偿费将会成为担保机构的一项经常性的支出。因此，一阶段的担保模型中只考虑其风险就显得过于武断，两阶段模型的定价将更加合理。

考虑两阶段的情况下，假设时间间隔为 T，T 为 1 年，且假设参数 σ 是以 T，即年为基础的。根据独立同分布的时间集延展，不同时间长度的 σ 可以进行转换。在同一置信水平下，存在这样的关系，公式如下：

$$\sigma_T=\sigma\sqrt{T} \tag{6.3}$$

将式(6.3)代入式(6.2)，整理可得

$$\mathrm{VaR}=-\sqrt{T}S_0c\sigma$$

假设企业期初的净资产为 S_0，担保机构担保的贷款额为 L，一年期的贷款利率为 i，到期一次偿还利息和本金。与此同时，该企业还有其他贷款总额为 K。

在原债务到期日时，在 $1-\alpha$ 的置信水平下，企业的净资产价值至少为 $S_0-\mathrm{VaR}_1$，即 $S_0+S_0c\sigma$。此时，担保机构代替企业还款，并获得企业的债权，金额为 D_1。

在展期还款日到期时，在 $1-\alpha$ 的置信水平下，企业的净资产价值至少为 $S_0-\mathrm{VaR}_2$，即 $S_0+\sqrt{2}S_0c\sigma$。

如果企业在展期还款日仍然不能履行还款义务，其将接受破产清算，它的清算价值为 $(S_0+\sqrt{2}S_0c\sigma+K+M)\times d$。展期还款日当天，企业的债务总额为 $D_1\times(1+i)+K$，担保机构为该笔贷款承受的最大损失记为 PML(possible maximum loss)，公式为

$$\mathrm{PML}=[D_1\times(1+i)+K+(S_0+\sqrt{2}S_0c\sigma+K+M)\times d]\times\frac{D_1\times(1+i)}{D_1\times(1+i)+K} \tag{6.4}$$

担保机构的合理担保收入应为无风险收益和风险收益之和，也就是说，期初企业与担保企业签订协议时，应交给担保企业的佣金为无风险收益和风险收益之和。风险收益是对担保企业承受风险的补偿，而无风险收益是担保企业开展业务的动力所在，仅能够补偿损失的收入是不足以支撑担保企业继续提供担保的。其中，p_1 和 p_2 分别表示在约定还款日和展期还款日企业违约的概率，那么风险收益部分可以表示为

$$风险收益=\frac{p_1\times\mathrm{PML}_1}{(1+r)^{T_1-T_0}}+\frac{p_2\times\mathrm{PML}_2}{(1+r)^{T_2-T_1}}$$

假设担保机构提供给企业的担保金额为 $L(1+r)$，担保企业担保资本金为 C，担保放大倍数为 n，其对应的无风险收益为

$$无风险收益=\frac{L\times(1+r)}{C\times n}\times C\times r=\frac{L\times(1+r)}{n}\times r$$

因此，两阶段担保模型的定价模型为

$$担保费用=\frac{L\times(1+r)}{n}\times r+\frac{p_1\times\mathrm{PML}_1}{(1+r)^{T_1-T_0}}+\frac{p_2\times\mathrm{PML}_2}{(1+r)^{T_2-T_1}}$$

三、基于期权方法的风险定价

期权是一种选择权，是指在未来某一特定时间，可以以预先商定好的价格买入或卖出某项资产的权利。期权是一种防范风险的工具，它不同于期货或者远期等其他工具，它拥有执行的权利，同时也可以选择不执行。为了获得这种权利，期权的拥有者需要事先缴纳期权费。

Black-Scholes 模型的基本假设包括以下内容。

(1)无风险利率是稳定的，不随时间的变化而变化。

(2)金融资产的价格符合随机游走，且方差的波动率和金融资产的价格呈对数正态分布。

(3)金融资产不派发股息红利。

(4)期权在到期日才能执行，是欧式期权。

(5)不允许卖空。

Black-Scholes 模型的定价公式如下所示。

看涨期权的期权价格为

$$C=S_0NC(d_1)-Xe^{-rt}N$$

看跌期权的价格为

$$P=C-S_0+Xe^{-rt}=Xe^{-rt}N(-d_2)-S_0N(-d_1)$$

其中，S_0为期初资产的价格；X 为期权的执行价格；t 为期权的年限；$N(d_1)$、$N(d_2)$为正态分布下变量小于 d_1、d_2时的累计概率。

$$d_1=\frac{\ln\left(\frac{S_0}{X}\right)+\left(r+\frac{\sigma^2}{2}\right)T}{\sigma\sqrt{T}}$$

$$d_2=\frac{\ln\left(\frac{S_0}{X}\right)+\left(r-\frac{\sigma^2}{2}\right)T}{\sigma\sqrt{T}}=d_1-\sigma\sqrt{T}$$

其中，σ 为年度化方差。

贷款合同签订日、约定还款日、展期还款日分别为 T_0、T_1、T_2，企业在 T_0、T_1、T_2的公司价值分别为 S_0、S_1、S_2；X_1为企业按合同应于 T_1时刻向银行支付的金额，X_2为担保企业进行代偿行为后，企业应于 T_2时刻向担保机构支付的金额(可由双方协定，通常为 X_1的本金加利息)。

当企业没有能力在 T_1时刻按合同要求向银行支付，担保企业履行代偿责任，同时，担保企业获得企业的债权，假设金额为 D_1。

在约定还款日(即 T_1时刻)，如果企业的价值大于担保企业代偿的金额，即 $S_1>X_1$，担保企业的损失为 0；在约定还款日(即 T_1时刻)，如果企业的价值小于或等于担保企业代偿的金额，即 $S_1\leqslant X_1$，担保企业的损失为 X_1-S_1。因此，在约定还款日，担保机构的潜在损失为

$$\begin{cases}X_1-S_1, & S_1\leqslant X_1\\0, & S_1>X_1\end{cases}$$

在展期还款日(即 T_2时刻)，如果企业的价值大于担保企业应获得的补偿款，即 $S_2>X_2$，企业可以获得补偿款；在展期还款日(即 T_2时刻)，如果企业的价值小于或等于担保企业应获得的补偿款，即 $S_2\leqslant X_2$，企业需要破产进行清偿，同时，担保机构存在潜在的损失金额为 X_2-S_2。因此，在约定还款日，担保机构的潜在损失为

$$\begin{cases}X_2-S_2, & S_2\leqslant X_2\\0, & S_2>X_2\end{cases}$$

在担保公司为企业进行代偿，相当于担保企业可以在 T_2 时点获得一个 $\max(X_2, S_2)$ 的债权，并且企业可能有违约的可能。这相当于担保企业购买了一个标的价格为 S_1，期权执行价格为 X_2 的看跌期权。假设它的期权费为 P_1，担保公司在 T_1 时点，获得企业金额为 D_1 的债权，可以得出这样的结论，即

$$\begin{aligned} D_1 &= X_2 e^{-r(T_2-T_1)} - P_1 \\ &= X_2 e^{-r(T_2-T_1)} - [X_2 e^{-r(T_2-T_1)} N(-d_2) - S_1 N(-d_1)] \\ &= X_2 e^{-r(T_2-T_1)} (1-N(-d_2)) + S_1 N(-d_1) \\ &= X_2 e^{-r(T_2-T_1)} N(d_2) + S_1 N(d_1) \end{aligned}$$

$$d_1 = \frac{\ln\left(\frac{S_0}{X}\right) + \left(r+\frac{\sigma^2}{2}\right)T}{\sigma\sqrt{T}}$$

$$d_2 = \frac{\ln\left(\frac{S_0}{X}\right) + \left(r+\frac{\sigma^2}{2}\right)T}{\sigma\sqrt{T}} = d_1 - \sigma\sqrt{T}$$

考查 $T_0 \sim T_1$ 阶段，求解担保在 T_0 时点的价值 Z，此值即为通常意义上的信用担保理论价值。

基于欧式期权定价原理，$T_0 \sim T_1$ 阶段的终值需满足的条件为

$$Z = e^{-r(T_1-T_0)} E[\max(X_1 - D_0)]$$

其中，$E[\max(X_1 - D_0)]$ 为随机变量的概率期望。该式的含义为，当担保公司 T_1 时刻代偿债务价值大于取得的被担保公司债权的现值时，该担保具有正的价值并且其为两者之差；否则，该担保价值为 0。由期望的概率公式可以得

$$Z = e^{-r(T_1-T_0)} \int_0^{X_1} (X_1 - D) f(S_1) \mathrm{d}S_1$$

其中，$f(S_1)$ 为公司价值 S_1 在 T_1 时刻的价值。于是，要想求价值 Z，则需要知道概率密度函数 $f(S_1)$。由 Black-Scholes 定价公式可得

$$\ln S_1 - N\left[\ln S_0 + \left(r - \frac{1}{2}\sigma^2\right)(T_1 - T_0),\ \sigma^2(T_1 - T_0)\right]$$

设 $y = \ln S_1$，则 $S_1 = e^y$，那么根据随机变量函数的概率密度求解公式可以得

$$\begin{aligned} f(S_1) &= \frac{1}{\sqrt{2\pi\sigma} S_1 \sqrt{(T_1 - T_0)}} e^{-\frac{1}{2}\left[\frac{(\ln S_1 - \ln S_0) - \left(r - \frac{1}{2}\sigma^2\right)(T_1 - T_0)}{\sigma\sqrt{T_1 - T_0}}\right]^2} \\ &= \frac{1}{\sqrt{2\pi\sigma} S_1 \sqrt{(T_1 - T_0)}} e^{-\frac{1}{2}M^2} \end{aligned}$$

其中，$\frac{(\ln S_1 - \ln S_0) - \left(r - \frac{1}{2}\sigma^2\right)(T_1 - T_0)}{\sigma\sqrt{T_1 - T_0}}$ 服从正态分布。

上述积分可以利用定积分的定义公式求解，具体如下：将区间$[0, X_1]$ N 等分，并记为

$$S_1(k)=\frac{X_1}{N}k$$

其中，$k=1, 2, 3, \cdots, N$，那么当 N 趋于无穷大时，由定积分的定义公式可得

$$\begin{aligned} Z &= \mathrm{e}^{-r(T_1-T_0)}\int_0^{X_1}(X_1-D)f(S_1)\mathrm{d}S_1 \\ &\approx \mathrm{e}^{-r(T_1-T_0)}\ \frac{X_1}{N}\sum_{k=1}^{N}[X_1-D]\times\frac{1}{\sqrt{2\pi}}\mathrm{e}^{-\frac{1}{2}M^2}\ \frac{1}{S_1(k)\sigma\sqrt{T_1-T_0}} \end{aligned}$$

当已知 X_1、X_2、T_0、T_1、T_2、r、σ 时，该担保价值可求。

第三节 “信托+担保”模式案例

➤案例一 山东省德州福马集团单一资金信托

一、信托概要

该项目由单一机构(非银行理财计划)作为委托人，与 A 信托设立单一资金信托。信托规模不超过 3 亿元，贷款期限为 2 年。委托人指定将信托资金用于向德州福马集团发放信托贷款，贷款资金用于补充德州福马集团的流动资金，调整集团资产负债结构，贷款利率为 10.1%/年。C 担保(最新主体评级 AAA)提供不可撤销的连带责任担保。在信托贷款到期时，若德州福马集团无法归还全部贷款本息，则由 C 担保代为偿付，偿付后信托结束。C 担保为此收取的担保费由德州福马集团另行支付。

德州福马集团曾于 2011 年发行 12 亿元 7 年期公司债券、2012 年发行 10 亿元 6 年期公司债券，主体和债项评级均为 AA。信托到期，借款人未能按期足额兑付本息且保证人未履行保证义务时，该信托根据委托人指令向借款人及保证人追讨或处置信托财产，产生的费用及损失由信托财产承担或者委托人自行承担。

德州福马集团交易结构图如图 6.1 所示。

二、企业背景

德州福马集团是经当地人民政府批准组建的国有独资有限公司，出资人为当地经济开发区管理委员会，注册资本为 207 788 万元。德州福马集团是高新区内最主要的基础设施建设投融资主体，主要经营范围包括：经营管理授权范围内的

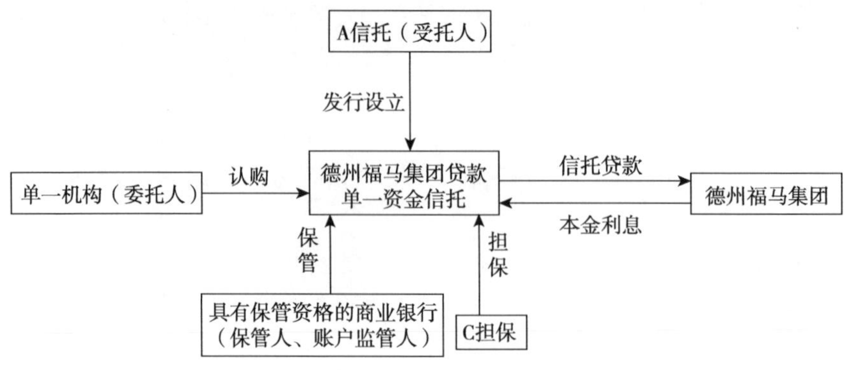

图 6.1　德州福马集团交易结构图

国有资产；国有资产投资、租赁、收购；房地产投资；境内外招商引资；投资项目招标、投标；经济信息咨询；中介代理服务；经营管理授权范围内的国有资产。

三、企业融资需求调查

1. 企业融资需求

本次融资金额为 3 亿元，用于补充德州福马集团流动资金，包括置换早期的金融机构借款，调整德州福马集团资产负债结构。

截至 2012 年年末，集团公司资产总计 1 668 266.64 万元，负债合计 752 668 万元，所有者权益合计(不含少数股东权益)915 598.64 万元。2012 年度，公司实现主营业务收入 579 736.82 万元，利润总额 27 126.46 万元，净利润 25 543.31万元。

2. 还款来源

德州福马集团以主营业务收入、政府补贴、多渠道融资作为还款来源。

四、融资担保机构对企业的评估分析

1. 借款人财务状况分析

1)资产负债情况分析

2010 年至 2012 年 12 月末，借款人总资产分别为 857 087.18 万元、1 153 622.68万元、1 465 294.18 万元，公司资产规模持续增长，主要是由于公司业务规模的持续扩大、经营业绩的持续积累。

2010 年至 2012 年 12 月末，公司流动资产中其他应收款占比较高。非流动资产中，公司的无形资产占比较高，主要是公司在 2011 年 6 月通过资产置换，将优质的土地资源注入公司。

总体来看，公司资产规模较大，偿债能力较好，能够支撑各项债务的按时偿还。2010～2012 年，流动比率不断改善，总体上处于较为安全的范围。从长期偿债能力来看，公司 2010～2011 年资产负债率基本保持稳定。

2)盈利情况分析

公司主营业务收入主要来自于基础设施代建，2010 年至 2012 年 12 月末该公司主营业务收入持续稳定增长。2010 年至 2012 年 12 月末，公司盈利能力逐年稳步上升。

3)现金流量分析

2011 年，公司经营活动产生的现金流量净额较 2010 年出现一定程度下降，主要原因是 2011 年购买商品、接受劳务支付的现金增长较快。公司根据资金状况合理安排融资规模，筹资活动产生的现金流较好地补充了经营活动与投资活动现金流之间的缺口。

2. 企业资信状况

2013 年，资信评估有限公司给出《德州福马集团有限公司 2012 年度公司债券跟踪评级报告》，德州福马集团的主体信用等级为 AA，公司债券债券信用等级为 AA，评级展望维持稳定。

五、融资担保方案设计

1. 信托类型

该信托属于单一资金信托。

2. 信托主体

(1)委托人为单一机构投资者(非银行理财计划)。

(2)借款人为德州福马集团有限公司。

(3)担保人为 C 担保股份有限公司。

(4)保管人/账户监管人为具有保管资格的商业银行。

3. 信托规模

该信托规模不超过 3 亿元。

4. 信托期限

该信托期限为 24 个月。

5. 信托费用

以下费用由信托财产承担。

(1)信托报酬：不低于 1.2%/年，由信托财产承担，具体支付方式在信托文件中约定。

(2)保管费：0.1%/年。

(3)财务顾问费及募集资金服务费合计不超过 0.7%/年，由信托财产承担，具体支付方式在信托文件中约定。

6. 信托利益分配方式

投资者预期收益率为8.1%/年(暂定)，按日计算。

信托贷款利息支付日及信托终止日后的3个工作日内，受托人向受益人分配信托利益。若借款人未能正常还本付息，信托自动延期至借款人偿还信托贷款本息之日。

7. 违约处理

如借款人违反贷款合同相关条款，包含但不限于借款人未按照约定偿还本合同项下借款本息及其他应付款项，受托人应在知道上述违约事件后三个工作日内如实告知受益人，并按照受益人指令进行追索和处理，产生的费用由信托财产承担。

8. 违约金

借款到期(含被宣布立即到期)借款人未按约偿还的，受托人有权自逾期之日起向借款人计收罚息，罚息利率在原借款利率基础上加收50%确定。对借款人未按时支付的利息，按逾期罚息利率计收复利。

9. 贷后管理

(1)受托人将根据信托贷款合同的规定及时向借款人收取贷款本金、利息、罚息(如有)、违约金(如有)。

(2)信托期间，借款人每年提供上一年经审计的审计报告。

(3)若借款人未按期还本付息，受托人可采取的措施包括：①督促借款人履行还款义务；②向担保人进行追索；③发生借款人违约时，根据委托人指令进行追索和处理。

10. 信托受益权转让

信托受益权在信托期限内可依法转让，但受益人不得分割转让信托受益权，也不得向自然人转让信托受益权，且受让方为银行理财计划的须经受托人同意。信托受益权转让免收手续费。

六、担保风险控制

1. 担保方简介

C担保公司的成立宗旨是支持中小企业发展，促进多层次中小企业金融服务体系的完善，其是目前国内资本规模最大的担保机构之一。

2. 主体信用评级

大公国际资信评估有限公司、联合资信评估有限公司及东方金诚国际信用评估有限公司于2012年12月分别对C担保股份有限公司主体信用状况进行综合分析和评估，确定其主体长期信用评级为AAA。认为C担保的综合代偿能力极强，违约风险极低。

3. 风险揭示

信托可能涉及风险，投资者在决定认购信托单位前，应谨慎衡量下文所述之风险因素及承担方式，以及信托文件的所有其他资料。

1)法律政策风险

信托财产的收益要受到多种因素的影响，其中法律政策就是重要的一方面。国家货币政策、财政税收政策、产业政策、投资政策、金融政策及相关法律法规的变化和调整可能会造成信托财产发生损失。

2)市场风险

营业收入是本信托项目的重要还款来源，借款人的经营状况可能会受到宏观经济运行、供求关系等市场因素的影响，这将会进一步影响信托财产的收益和损失。

3)信用风险

信用风险主要指借款人未按约定履行其还款义务(包括但不限于因借款人未还款而产生的全部、部分本息，因借款人迟延履行还款义务等)，从而造成信托财产损失的风险。

4)担保风险

根据委托人指定，本项目由中合中小企业融资担保股份有限公司提供不可撤销的连带责任担保。该公司成立时间较晚，可供分析的财务数据及操作案例较少，无法对公司财务情况及营运风格妥善评估。上述风险可能会影响信托财产的安全和收益。

5)流动性风险

在借款人违约导致信托项下没有足额现金形式信托财产分配信托利益时，可能造成受益人不能在预期期间内取得预期信托利益。

6)管理风险

管理人由于自身及外界因素的限制而出现管理不当所造成的信托财产损失的风险。

7)其他风险

除上述提及的主要风险以外，战争、动乱、自然灾害等不可抗力因素和不可预料的意外事件的出现，将会严重影响经济的发展，可能导致信托财产的损失。

4. 风险承担

信托的风险承担根据风险事件的不同主要分为以下几种情况。

(1)受托人已按照信托合同对信托进行管理而产生的风险，将由信托财产承担。

(2)受托人违背原信托合同而造成的损失由受托人以其自身财产偿付，不足偿付的由投资者自担风险。

➤案例二　江西省抚州城投运营集团信托贷款担保项目

一、信托概要

本项目采用以抚州城投全资子公司抚州城投运营公司作为借款主体，抚州城投作为不可撤销全额连带责任保证人的融资结构，融资资金使用及还款安排的主体均为抚州城投。该项目实际借款人为抚州城投，抚州城投运营公司仅为名义借款人。

2013年1月，交银信托采用与本项目结构完全相同的方式通过抚州城投运营公司实际则是向抚州城投发放了1笔10亿元2年期的信托贷款，反担保措施为划拨性质土地抵押和抚州城投保证。

抚州城投运营公司交易结构图如图6.2所示。

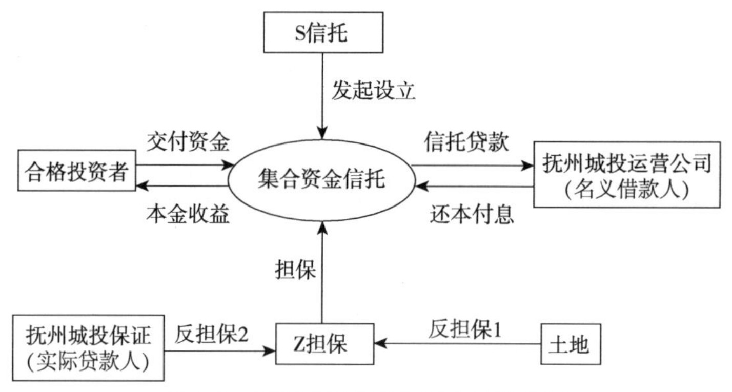

图6.2　抚州城投运营公司交易结构图

二、企业背景

1. 名义借款人——抚州城投运营公司

抚州城投运营公司注册资本为2亿元，其核心业务是以保障集团公司资产保值增值，提高国有资产综合效益为指导，在市政府授权范围内运用国有资产进行投资、控股、参股、合资、租赁、承包、转让、兼并等资产、资本运营；国有资产投资、融资与资产管理；城市基础设施及社会事业投资与管理；土地整治、开发与经营管理；物业销售、服务与管理；依法筹集资金投资设立二级独资公司或控股子公司。抚州城投运营公司还担负着为抚州城投融资提供支持及补充的职责。

2. 实际借款人——抚州城投

1)基本情况

抚州城投是经人民政府批准设立的国有独资公司，资产规模较大，业务范围涉及城市基础设施建设、城市供水污水处理、供电、供热、燃气供应、土地一级开发及房地产开发等城市公用事业，并逐步拓展到金融服务、通用航空、文化传媒及信息产业等多个领域。

截至 2012 年 12 月 31 日，抚州城投资产总额为 262.65 亿元，负债总额为 157.05 亿元，所有者权益合计 105.60 亿元，其中归属于母公司所有者的权益合计 100 亿元。2012 年实现营业收入 6 亿元，净利润 2 亿元，其中归属于母公司所有者的净利润 2 亿元。

2)主营职责及业务构成

抚州城投主要职责是参与地区城市基础设施建设和投资，因此其经营主旨以投资建设公益基础设施项目为主。抚州城投业务分为以下两类：一类是作为经营主旨的由市政府委托财政投资的市政统建项目，包括道路工程、水利工程、环卫工程、供热工程、市政建筑物工程等；另一类则是为增强自身盈利能力，公司自建投资的经营性项目，现有的公共事业运营板块主要由供水、供热、供电、污水处理及燃气构成。

三、企业融资需求调查

1. 企业融资需求

本项目融资金额 3 亿元，信托贷款资金用于补充抚州城投运营公司的营运资金，并由抚州城投在集团内统筹安排使用，抚州城投负责还本付息。

2. 还款来源

本项目资金偿付主要来源于抚州城投运营公司及其母公司抚州城投的经营性收入，包括但不限于统建项目收入及财政补贴、自营投资收入和其他渠道融资。

1)统建项目收入及财政补贴

抚州城投运营公司作为抚州城投的全资子公司，2011～2012 年收入较为稳定，之后两年每年实现的主营收入不少于 3 亿元。抚州城投每年的统建收入由市政府以财政拨款及补贴的方式实现，2012 年年底，抚州城投收到了政府基础设施建设资金 25 亿元，补贴收入 5 亿元。鉴于抚州城投的垄断地位，市财政将继续给予较大的政策支持，资金流入有保障。

2)自营投资收入

抚州城投业务中的自营投资收入包括保障性住房、供水、污水处理，供热供电等，其中，2012 年供水、污水处理、供热、供电实现收入 4 亿元，工程类收入 3.2 亿元，其他业务收入 0.8 亿元，且上述业务具有相当的垄断地位，收入来源稳定。

3)多渠道融资

抚州城投资产规模较大，资产负债率相对较低，资信情况良好。抚州城投具备较强的融资能力，外部融资也是本项目信托本息偿付的补充来源。

4)抚州城投未来现金流测算

抚州城投在保持稳定经营的前提下，除2013年本期现金流无法满足所有债务的本息覆盖之外，之后两年本期现金流均可以做到现金流本息覆盖，但是2013年期末货币资金余额仍可以覆盖企业所有债务。2013年是企业投资活动活跃的一年，主要是政府统建项目周边自营投资项目投入较大所致，之后两年将进入投资回款期，企业债务压力将逐步减小。

另外在融资方面，抚州城投将根据经营及债务偿还需求合理安排筹资活动。Y城投纳入银监会融资平台名单管理从一定程度上影响了其融资活动的开展，目前其正在办理退名单工作，2014年已退出，退出后省内金融机构将直接向其发放贷款，如当地交通银行在尽调时向项目组表示将为其提供不少于22亿元的融资，因此抚州城投未来的融资空间较大。

四、融资担保机构对企业的评估分析

1. 名义借款人——抚州城投运营公司

根据会计师事务所对抚州城投运营公司2011年、2012年的审计报告以及运营公司2013年3月的财务数据，其主要财务状况如下。

1)资产负债情况

虽然运营集团成立时间较短，但总资产规模逐年稳步增长，截至2013年3月，公司总资产规模达40亿元，净资产22.4亿元，资产负债率约56%。

2)损益情况

2011年、2012年公司实现主营业务收入分别为12 361.62万元、13 815.53万元，净利润分别为2 298万元、2 315万元。作为抚州城投的下属子公司，抚州城投运营公司在市场上有一定的影响力，在政府授权范围内进行国有资产投资及管理，具有一定实力。

3)现金流情况

由于公司成立时间较短，主要处于建设及投资期，经营性及投资性现金流受到一定影响，但公司依托抚州城投，具有较好的发展前景。

2. 实际借款人——抚州城投

抚州城投提供了2012年度财务合并报表，并出具了标准无保留意见的审计结论。

1)资产负债情况分析

截至2012年年底，抚州城投合并资产总额为265亿元，所有者权益合计110亿元(其中归属于母公司所有者的权益合计102亿元)。

综合来看，抚州城投从事大量市政项目，在建工程逐步增加。流动资产中以土地资产和货币资金为主，资产构成基本符合城投公司经营特点。

2)盈利能力分析

抚州城投主营业务收入包括水务收入、城市供热收入、供电收入、工程收入等。

2012年，抚州城投实现营业收入6.5亿元，较2011年下降43.04%，主要原因是部分公共事业收入当地政府以补贴的形式支付，计入了营业外收入；2012年营业总收入为8.82亿元，较上年下降16.87%，但是，2012年年底，Y城投从政府收到基建回款21.66亿元，但并未在当年确认收入，该金额在现金流量表里有所体现，因此，抚州城投2012年的营业总收入实际上是明显增加的。2012年营业成本为6.35亿元，较2011年下降27.93%；营业总成本为8.1亿元，较2011年下降21.74%；实现营业利润−1.75亿元，较2011年下降617.64%，主要是统建工程施工的收入较上年有所减少。

综合来看，公司主营业务经营垄断性较强，盈利能力一般，但财政补贴收入近年来较为稳定，获得当地政府的较大支持，符合城投企业业务经营特点。随着抚州城投对自有土地的开发，未来收入将大幅增长，盈利能力则将相应明显提高。

3)现金流分析

从经营活动看，2012年，抚州城投经营活动现金流入为15.20亿元，较2011年增长62.92%，主要是主营业务收到的现金和政府补贴等；经营活动现金流出为13.68亿元，较2011年增长74.34%，主要是主营业务的成本大幅增加，以及与市政府部门及关联公司资金往来流出增多所致；但近三年经营性现金流净额均为正。

从投资活动看，2012年，抚州城投投资活动现金流入为24.32亿元，较2011年增长167.89%，主要是收到其他与投资活动有关的现金的大幅增加(主要为公司及下属子公司收到的政府拨入的基本建设资金)；投资活动现金流出为34.45亿元，较2011年增长28.34%，主要包括对自营项目投资(反映在“购建固定资产、无形资产和其他长期资产所支付的现金”中)、投资所支付的现金及为特定市政项目建设支付的工程施工方款项(反映在“支付其他与投资活动有关的资金”中)。

从筹资活动看，2012年，公司筹资活动现金流入为36.48亿元，较2011年下降8.13%，主要是公司和子公司收到的政府拨入的资本性投入及关联方借款的有所下降；公司筹资活动现金流出为15.20亿元，较2011年下降1.30%，主要是支付其他与筹资活动有关的现金的减少(偿还往来借款)；筹资活动产生的现金流量净额为21.28亿元，较2011年下降12.27%，但净流入规模仍较大，这与公司代建政府项目较多，资金需求较大的情况相呼应。

综合来看，受宏观经济影响，抚州城投近三年经营性现金流净额近三年成下降趋势，但是近三年现金流净额仍均为正，且经营性现金流入呈上升趋势。

4)偿债能力分析

从短期偿债能力看，截至 2012 年较 2011 年略有降低，但绝对值仍然较高，短期偿债能力较强。

从长期偿债能力看，公司 EBITDA(earnings before interest，taxes，depreciation and amortization，即税息折旧及摊销前利润)为 4.05 亿元，较 2011 年增长 19.33%，EBITDA 利息倍数为 4.67 倍，也较 2011 年有所提高，长期偿债能力较好。

五、融资担保方案设计

1. 信托主体

(1)委托人为 S 信托。

(2)借款人为抚州城投运营公司。

(3)担保人为 Z 担保股份有限公司。

(4)保管人/账户监管人为具有保管资格的商业银行。

2. 信托规模

该信托规模不超过 5 亿元。

3. 信托期限

信托期限为 2 年。其中，3 亿元 2 年期，2 亿元“1+1”年期。

4. 融资成本

融资成本为 11%。

5. 担保费及费率

担保费率为 1.5%/年，第一年担保费 750 万元，第二年担保费 750 万元或 450 万元，两年合计担保费 1 500 万元或 1 200 万元。

6. 还本付息方式

每半年付息一次，本金借款期限到期时归还；第一年期限届满前，如抚州城投运营公司不能实现与 C 担保约定的补充反担保条件，则需在第一年期限届至时偿还 2 亿元本金；如可在上述期限内实现补充反担保条件，则 2 亿元本金可于第二年期限届至时清偿。

7. 反担保措施

(1)抚州城投下属子公司出让土地抵押，评估价值为 2.2 亿元。

(2)抚州城投提供房产抵押，评估价值为 2.3 亿元。

(3)抚州城投提供划拨性质土地抵押，扣除未来土地性质变更为出让性质时需补缴的土地出让金及第一顺位抵押给兴业银行的债权 8 亿元后，剩余土地评估价值约 9.53 亿元。

(4)抚州城投为抚州城投运营公司提供不可撤销全额连带责任保证担保。

8. 补充反担保条件

信托借款第一年期限届满前，抚州城投应将已抵押给 Z 担保的“划拨性质”土地变更为“出让性质”土地并办妥相关抵押手续，或提供符合 Z 担保要求的其他反担保条件，否则，抚州城投需在第一年期限届至时偿还 2 亿元本金。

六、风险控制

1. 项目风险

1)宏观政策风险

信托期限内，国家宏观经济政策调整有可能会对抚州城投的经营产生不利影响。

2)经营风险

抚州城投的经营状况受其管理能力、市场前景、技术能力等影响。

3)信用风险

抚州城投可能因政府信用等原因无法按约定行使还款义务。

2. 风险防范

1)宏观政策风险防范

2013 年全球经济低迷导致对能源的需求减少，加上全国经济在“稳增长、调结构、促改革”的基调下，整体经济受到较明显影响，增速放缓。

考虑本项目融资期限为两年，在此期间内，省政府非常重视结构调整及经济转型，本项目因国家整体宏观政策风险导致抚州城投违约的概率较低。

2)经营风险防范

近年来抚州城投经营及盈利情况较好，抚州城投从事的城市基础设施建设、供水、污水处理、供热供电、保障房建设等民生工程类业务，受经济周期波动的影响相对较小。另外，Y 城投在省内与多家政策性银行、商业银行及其他金融机构有着良好的业务联系，可充分利用资本市场多渠道筹集资金。因此，本项目因抚州城投发生经营风险从而导致违约的风险较低。

3)信用风险防范

抚州城投目前主体评级为 AA，且分别于 2010 年和 2012 年发行了两期企业债券，本项目期限在上述已发行的两期债券的存续期之内。根据国家发改委要求，抚州城投在各期债券存续期内，须将其经营情况、履约情况等详细信息均每年对外公开披露，鉴于国家发改委对发债企业信用违约等负面事件的严厉处罚措施。本项目因抚州城投自身或榆林市政府信用风险违约的概率较低。

七、反担保措施

1. 反担保条件

根据房地产价格评估咨询有限公司及陕西东信土地估价有限公司的评估结果，对下述土地房产合计评估价值约为 14.03 亿元，本金抵押率为 35.6%。各反担保条件如下。

(1)抚州城投提供划拨性质土地抵押，扣除未来土地性质变更为出让性质时需补缴的土地出让金及第一顺位抵押给兴业银行的 8 亿元后，剩余土地评估价值约为 9.53 亿元。

(2)抚州城投为抚州城投运营公司提供不可撤销全额连带责任保证担保。

2. 补充反担保条件

信托借款第一年期限届满前，抚州城投应将已抵押给信托公司的“划拨性质”土地变更为“出让性质”土地并办妥相关的抵押手续，或提供符合信托公司要求的其他反担保措施，否则，抚州城投需在第一年期限届至时偿还 2 亿元本金，抚州城投运营公司按时偿还 2 亿元贷款本息后，信托公司释放划拨性质的土地抵押并退还已收取的该 2 亿元对应的第 2 年担保费 300 万元。

➤ 案例三　广东省揭阳城投信托贷款集合资金信托计划

一、信托概要

M 信托设立揭阳城投信托贷款集合资金信托，社会合格投资者作为委托人将信托资金交付受托人，用于向揭阳城投发放信托贷款不超过 3 亿元，资金用于补充借款人流动资金，贷款利率不超过 10%/年，贷款期限为 24 个月，信托期限为 30 个月。

N 担保为本信托提供不可撤销的连带责任担保。在信托贷款到期时，若揭阳城投无法归还全部贷款本息，则由 N 担保代为偿付，偿付后信托结束。N 担保为此收取的担保费由揭阳城投另行支付。

揭阳城投曾于 2009 年发行 13 亿元 10 年期公司债、2012 年发行 10 亿元 6 年期公司债，主体与债券评级均为 AA。

揭阳城投交易结构图如图 6.3 所示。

二、企业背景

揭阳城投截至 2012 年年底，公司总资产约 219.49 亿元，净资产约 145.62 亿元，资产负债率 33.65%。2012 年公司实现收入 7.75 亿元，净利润 3.12 亿元。揭阳城投是市级重要大型国有企业，主要承担城市基础设施建设、城市道

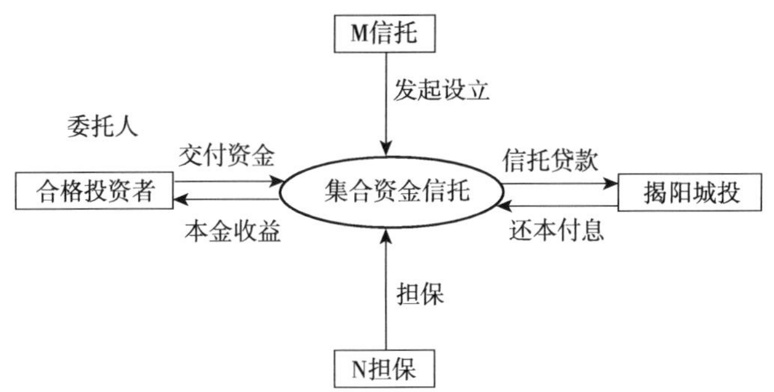

图 6.3 揭阳城投信托交易结构图

路、土地等资源经营管理的任务。目前公司在建、拟建的项目主要包括太平溪综合治理三期、二环路改造、红星北路、建丰路等。

揭阳城投自成立以来，得到了政府的高度重视与大力支持，揭阳城投是承担基础设施融资和建设的主体。为充实揭阳城投资产，市政府根据城市建设和发展要求，及时为揭阳城投配置相应的土地资源及其他国有资产。在资金补贴方面，公司享有免收新菜地开发基金、新增建设用地有偿使用费返还部分全额返还等税费返还优惠政策，税费返还以政府补贴形式划给公司。

三、企业融资需求调查

1. 企业融资需求

本项目融资 3 亿元，分别用于绿化道路工程，其中一条道路已完成路面施工，正在进行周边绿化及配套设施；另外一条已完成征地拆迁，拟开始路面施工。

2. 还款来源

本次信托贷款业务的资金偿付主要来源于揭阳城投的经营性收入、财政补贴和多渠道融资。

1)揭阳城投的主营业务收入

2010～2012 年，公司营业总收入分别为 8.47 亿元、9.01 亿元、7.73 亿元，净利分别为 2.37 亿元、3.73 亿元、3.12 亿元，盈利能力较为稳定。公司主要收入来源于一级土地开发，公司土地资源丰富，可为公司未来收入提供一定保障。公司土地储备丰富，收入来源有较好的持续性。

2)财政补贴

近年来，城市经济发展较快，揭阳城投持续获得政府有力支持。2009～2012 年，公司分别同获得财政的补贴款 8 815 万元、9 727 万元、2.07 亿元和 1.85 亿元，未来两年预计公司每年获取的财政补贴不低于 2 亿元。

3)多渠道融资

揭阳城投在该市具有重要地位，并持续得到市政府在偿债资金、资产划拨和财政补贴等方面的有利支持；且揭阳城投资产负债率较低，资产规模相对较大，信用情况良好，是各大金融机构的重点客户。公司较强的融资能力是信托本息偿付的补充渠道。

四、融资担保机构对企业的评估分析

根据揭阳城投财务报告，截至2012年年底，公司总资产约219.49亿元，净资产约145.62亿元，资产负债率33.65%，处于较低水平。2012年公司实现收入7.75亿元，净利润3.12亿元。公司近三年总资产和净资产呈逐年上升趋势，且负债率一直保持较低水平，公司经营风格较为稳健。总体来看，公司整体融资能力较强。2010～2012年，公司营业总收入分别为8.47亿元、9.01亿元、7.75亿元，净利分别为2.37亿元、3.73亿元、3.12亿元。

1. 资产负债情况分析

截至2012年12月31日，公司资产总额为219.49亿元，较2010年年末增长64.12%。从构成看，公司资产几乎全部由流动资产组成，流动资产占总资产的比重为99.98%。

公司流动资产主要由货币资金、应收账款、预付账款、其他应收款、存货和其他流动资产构成。截至2012年年底，公司货币资金4.36亿元，主要为银行存款；应收账款11.15亿元，主要是应收工程回购款及房地产开发商的土地购置款；预付款项32.42亿元，主要为预付的工程款和征地拆迁款；其他应收款3.63亿元；存货138.47亿元，主要由取得产权证的土地和处于开发过程中的土地构成，公司已取得产权证的土地约136.71亿元，占存货的比例为98.73%。

截至2012年12月31日，公司负债总额为73.87亿元，较2010年年末增长38.13%。其中，流动负债27.42亿元，非流动负债46.45亿元。流动负债主要由应付账款、预收款项和其他应付款构成，其中应付账款4.70亿元，主要为应付的拆迁款和工程款；预收款项5.03亿元，主要为预收土地款和预收租金；其他应付款9亿元。非流动负债主要是长期借款23.14亿元和应付债券23.31亿元。

随着政府土地资产的注入及投建的基础设施项目规模的不断增加，公司近年资产规模增长较快。由于公司资产基本为流动资产，而债务以非流动负债为主，因而流动比率、速动比率指标表现良好。2010～2012年公司主要偿债能力指标如表6.1所示。

表 6.1 2010～2012 年公司主要偿债能力指标(单位:%)

项目	2012 年	2011 年	2010 年
资产负债率	33.65	36.15	39.98
流动比率	8.00	7.95	6.76
速动比率	2.95	3.20	2.72

资料来源：公司审计报告

2. 盈利能力分析

公司主要业务收入来自市政工程的代建收入与土地出让收入，2010～2012 年，公司营业总收入分别为 8.47 亿元、9.01 亿元、7.75 亿元，净利分别为 2.37 亿元、3.73 亿元、3.12 亿元。受土地一级市场波动影响，2012 年公司的土地开发收入下降，导致当年营业收入有所下降。

3. 现金流分析

近年来，公司土地开发和在建的基础设施项目建设支出规模较大，公司收到的土地出让金返还和政府补助资金与之相比存在一定缺口，因此经营性现金流为负值。为满足项目建设需要，公司发行了 10 亿元债券，因此 2012 年筹资性现金净流入规模大幅增加。

五、融资担保方案设计

1. 信托类型

该信托属于集合资金信托。

2. 信托主体

(1)委托人/受益人为符合条件的社会合格投资者。

(2)受托人为 M 信托。

(3)借款人为揭阳城投。

3. 信托规模

信托规模为 3 亿元。

4. 信托期限

信托期限为 2.5 年(其中贷款期限 2 年，后半年为信托财产处置期)。

5. 贷款描述

本贷款是面向揭阳城投，共 3 亿元，贷款期限为 24 个月，贷款利率为 10%(前 24 个月)。在贷款期限 2 年内，若提前偿还本息，则不满一年按一年计算，超过一年按整月计算。

若贷款进入处置期或贷款逾期，贷款罚息利率在原基础上(前 24 个月)上浮 50%，按逾期天数计算。

6. 还款安排

每年的 6 月 20 日和 12 月 20 日各付息一次，信托贷款本金分几次偿还。每年的 6 月 20 日和 12 月 20 日各归还贷款本金 10 万元，贷款满 2 年之时归还剩余全部本金。

如为配合信托费用提取的要求，借款人可在 12 月支付相应金额的保证金，该保证金可用于等额抵销贷款本息。

7. 信托费用

(1)信托报酬。具体支付方式在信托合同中约定；信托报酬率以本信托成立规模为计算基础，固定信托报酬率约为 1.4%/年。受托人浮动报酬为终止日信托财产总值－应付未付的信托费用(除浮动报酬外)－终止日全部未付信托利益总额。

(2)银行保管费。保管行将选择国内具有保管资格的商业银行担任；保管费初定不超过信托资金的 0.1%/年。

(3)评估费、律师费等费用。以上费用皆由信托财产承担，受托人报酬相应扣减。

8. 增信措施

N 担保股份有限公司(最新主体评级 AAA)为本信托提供不可撤销的连带责任担保。

9. 贷款管理

按照上海国际信托有限公司(2010)第 135 号《信托贷款贷后运营管理操作指引(试行)》文件执行。

10. 信托资金用途

资金主要用于补充借款人流动资金(包括归还金融机构借款和支付财务费用)，其中，归还金融机构借款 11 516 万元，其余用于支付财务费用。

11. 信托收益来源及分配

信托收益来源于贷款产生的利息、存款利息及其他投资收益等；信托成立每满一年对信托利益进行分配。信托存续期内，信托账户内留存现金可用于投资现金丰利产品。

12. 信托延期变现的处置

信托成立满 24 个月后，借款人未能还款，则信托计划自动延期，进入资产处置期。若信托成立满 30 个月后，信托财产仍未能变现，则信托自动延期直至信托财产全部变现为止。信托进入处置期后(信托成立满 24 个月后)，融资总成本上浮直至信托结束。

13. 信托预期收益率

受益人预期年化收益率情况见表 6.2。

表 6.2　受益人预期年化收益率情况

投资期限	信托成立日至第 24 个月	第 25 个月至第 30 个月	信托延期
预期年化收益率/%	8.5	12	15
计算方式	信托计划存续不满一年即终止的，按一年计算，超过一年按整月计算	信托利益按照第 25 个月起至信托终止日的实际天数计算	信托利益按照第 31 个月起至信托终止日的实际天数计算

14. 非正常费用

本信托涉及贷款逾期、诉讼等产生的非正常费用，均由借款人另行承担(在抵押合同中约定)；受托人先行垫付的，待抵押物变现后，以现金形式偿还受托人。

六、担保方分析

1. 担保方简介

N 担保公司是国务院利用外资设立担保公司的试点项目，是目前国内资本规模最大的担保机构之一。其成立宗旨是支持中小企业发展，促进多层次中小企业金融服务体系的完善。

2. 主体信用评级

大公国际资信评估有限公司、联合资信评估有限公司及东方金诚国际信用评估有限公司、鹏元资信评估有限公司先后于 2012 年年底至 2013 年年初对 N 担保股份有限公司主体信用状况进行综合分析和评估，确定其主体长期信用评级为 AAA，认为 N 担保的综合代偿能力极强，违约风险极低。

3. 担保风险控制

1)法律与政策风险

信托期限内，国家宏观经济政策调整有可能会对揭阳城投的经营产生不利影响，从而影响信托财产的收益。

2)经营风险

揭阳城投的经营状况受其管理能力、市场前景、人员素质、技术能力等影响，可能影响其盈利和运作能力，从而影响信托财产的收益。

3)信用风险

揭阳城投可能因经营不善等原因无法按约定行使还款义务，从而影响信托财产的收益。

4)不可抗力及其他风险

除上述提及的主要风险以外，战争、动乱、自然灾害等不可抗力因素和不可预料的意外事件的出现，将可能影响项目的开发和建设，从而影响信托财产的收益。

➤案例四　河北省怀安成涛公司信托贷款集合资金信托计划

一、信托概要

成涛公司近年来销售收入增速保持在较高水平，同时持续对科研进行较大的投入，技术水平保持在国内领先行列。为响应国家扶持高新技术和节能环保等的产业政策，积极探索中小企业融资的创新模式，同时提高资产营运效率，优化负债结构，满足其原材料采购等的资金需求，向 E 信托提出贷款申请。经多次协商，E 信托拟与 F 担保合作，由 E 信托发起设立怀安县成涛公司信托贷款集合资金信托计划，向成涛公司发放信托贷款。

成涛公司交易结构图如图 6.4 所示。

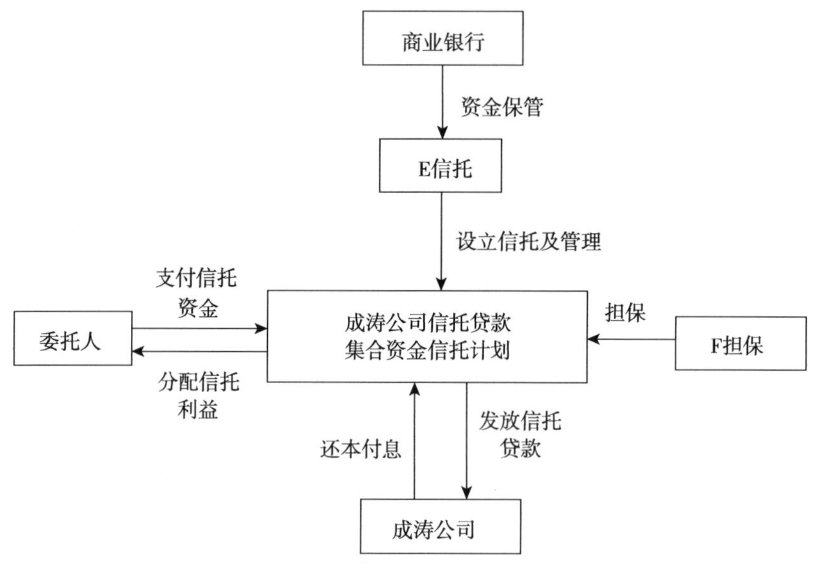

图 6.4　成涛公司交易结构图

二、企业背景

1. 涂料行业现状分析

涂料行业是我国 VOC(volatile organic compounds，即挥发性有机化合物)重点控制的领域。据不完全统计，2010 年我国涂料产量达到 966.6 万吨，其中溶剂型涂料占 52.1%。据推算，2010 年涂料行业溶剂用量达到 432.5 万吨，约占全国 VOC 排放总量的 14.4%。这些溶剂在施工时全部挥发到大气中，对涂料行业来说，减少 VOC 排放很重要的一个手段是涂料的水性化。涂装水性化是世界涂料发展的大趋势，在欧美等发达国家和地区，涂装的水性化程度已经很高，如德国的水性涂料占其市场的90%以上，美国的水性涂料占其市场的60%～70%。在我国，涂装水性化的程度相对较低，但发展速度较快，目前，水性漆产品属节能环保的新型材料，符合《中华人民共和国国民经济和社会发展第十一个五年规划纲要》第十三章第三节有关政策要求，符合国家《产业结构调整指导目录(2007年本)》第一类鼓励类中第九项化工类环保型涂料生产，水性涂料已成为涂料行业适应社会需求的发展方向，北京、深圳、上海、杭州等多地相继出台了关于禁止使用高挥发性涂料或关于涂料水性化的强制性规定。随着国家“节能减排”及相关产业政策的进一步出台，我国水性涂料将得到快速发展，市场需求会不断扩大，产品销售市场前景广阔。

2. 企业现状分析

成涛公司主营业务为水性漆。水性漆与油漆在性能上基本上相同，其本质区别在于稀释剂，油漆以有机溶剂为稀释剂(俗称“香蕉水”“天拿水”等，具有毒性，带有强烈刺激性气味)，这些溶剂从石油或煤炭中提炼出来，仅在涂料的成膜过程中起作用，最终会挥发到空气中，严重污染环境。水性漆则是以清水作为稀释剂，就是无须有毒的稀释剂、固化剂即可使用的、用于代替油漆涂刷的一种涂料，凡是应用溶剂型涂料的领域，水性涂料都可以取而代之。

成涛公司生产的水性涂料，技术行列处于国内领先行列，在性能上与国外同类产品相似，价格相比优惠约50%，具备较大的发展空间。

总体而言，成涛公司成立多年，在水性涂料行业积累了丰富的经验，已经建立了一支专业的、高水平的科研团队，近年来销售收入增速保持在较高水平，同时持续对科研进行较大的投入，技术水平保持在国内领先行列。截至2012年12月31日，成涛公司实现主营业务收入12.16亿元，利润总额1.75亿元，总资产14.77亿元，净资产约5.70亿元，资产负债率约59%，公司盈利能力、营运能力较强，经营性现金流稳健增长，资产流动性较强，偿债能力保持稳定。随着新建项目的竣工投产，成涛公司未来的资产营运能力和盈利能力将得到进一步提高。

三、融资担保方案设计

1. 信托类型

该信托是一种集合资金信托。

2. 信托主体

(1)委托人/受益人为符合条件的社会合格投资者。

(2)受托人为E信托。

(3)借款人为成涛公司。

(4)担保人为F担保。

3. 信托规模

信托规模为1.5亿元。

4. 信托期限

信托贷款期限为12个月和24个月，如信托分期成立，则每期信托单位期限分别为12个月和24个月，依投资者选择的信托单位期限和不同期限信托规模上限最终确定。

5. 信托风险控制

为控制贷款风险，E信托将计提贷款本金的5%作为贷款损失准备金，存放在信托计划项下监管账户中。准备金虽然在监管账户中无法支取，但会在相关法律文件中约定准备金对应的利息由借款人承担。借款人应按季支付利息，每半年还本一次，每次10万元，在贷款到期前5个工作日偿还剩余未付本息。

6. 信托项目退出

借款人按季支付贷款利息，每半年支付部分本金，并于到期日之前归还剩余贷款本息。若借款人未按时足额支付贷款本息，则受托人有权宣布贷款提前到期，并行使担保权利，要求融投担保履行代偿义务。

7. 信托利益分配

受托人将信托收入扣除信托费用后的信托财产用于向受益人分配信托利益，每半年分配一次。信托计划到期时，向受益人分配信托本金及剩余未分配信托收益，信托计划终止。

8. 信托保障措施

信托计划由融投担保为信托计划项下信托贷款提供连带责任保证，同时，借款人的实际控制人为借款人的贷款提供连带责任保证。经受托人同意后，信托受益权可以转让，但需支付转让金额0.1%的登记费。

四、风险控制

1. 风险性分析

1)行业风险

本项目借款人为成涛公司，属于生产节能环保新型材料的行业，其生产的水性漆产品，属于国家政策鼓励生产的产品，受宏观经济波动影响非常小，产品需求旺盛，市场前景广阔，行业风险较低。

2)合规与法律风险

合规与法律风险是指因没有遵循法律、规则和准则而可能遭受法律制裁、监管处罚、重大财务损失和声誉损失的风险。

3)信用和流动性风险

信用风险主要指交易对手不履行义务的可能性，本项目主要表现为借款人未按时还本付息，或保证人在借款人违约时不履行承诺，不能或不愿履行合约承诺而使信托财产遭受潜在损失的可能性。同时，当信用风险发生时，如受托人没有尽职管理，或信托项目违法违规未能如期执行时，会导致流动性风险。

4)市场风险

市场风险本指因股价、市场汇率、利率及其他价格因素变动而产生和可能产生的风险。在本信托项目中，市场风险可能为借款人主营产品或原材料价格大幅波动，对还款来源产生负面影响，造成信托财产损失。

5)操作风险和管理风险

本风险主要是指借款人在经营和管理过程中，违反相关制度和管理协议，给信托计划投资人造成损失。

2. 风险控制措施

1)合规与法律风险控制

严格按照相关的法律法规执行信托项目，杜绝违规经营的发生。

2)信用和流动性风险控制

信用和流动性风险控制主要有以下措施：要求融投担保提供连带责任保证，并办理相关合同的强制公证；要求借款人、实际控制人提供连带责任保证，并办理相关合同的强制公证；严格贷后管理，确保信托财产安全。

3)市场风险控制

借款人所处行业客户群较为稳定，价格波动较小，市场风险并不突出，通过定期追踪借款人的经营状况而保证还款现金流的充足。

4)操作风险和管理风险控制

严格执行相关程序，包括事前调查、事中审查及事后的管理程序。

➤案例五 南京中小企业集合资金信托计划

一、信托概要

自2009年年底推出南京地区首个面向中小企业提供融资服务的信托计划集合资金信托计划以来，G信托根据政策导向积极创新，发起设立了科技金融创新联盟，相继推出了多款中小企业信托产品，其中小企业系列信托产品在资金规模、融资企业个数等方面均名列行业首位。投资领域覆盖众多高新技术领域与未来高成长行业，引导大量社会资金支持中小企业成长。G信托在为中小企业拓宽融资渠道、为优质中小企业提供金融综合服务方面积累了可操作的经验。

中小企业集合资金信托计划结构图见图6.5。

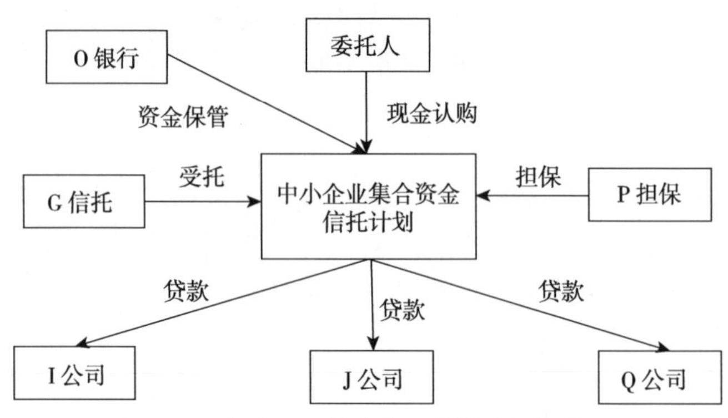

图 6.5　中小企业集合资金信托计划结构图

二、企业背景

1. I 公司

I 公司是一家综合性传媒经营企业，创新运作客户和媒体两大资源，以品牌整合传播为核心，为客户提供广告投放代理、活动策划推广、演出演员经纪、影视广告创意制作、媒介策略研究等传播价值链上的各项专业化服务。

I 公司常年与国内外上千家企业和广告公司保持着密切的合作。合作单位是在经济实力和品牌影响力方面都居于领先地位的著名企业。

I 公司在大传播时代，通过和知名品牌合作，逐步确立了其专业和高品质的服务水准。在创新领域的卓越成绩不断印证了 I 公司的实力和专业程度，也牢固树立起 I 公司在国内电视媒体经营领域不可忽视的品牌声望和行业影响力。I 公司将以实现客户传播价值最大化为愿景，着力构建新型的全娱乐产业链的综艺平台，打造中外名人在文化娱乐传媒产业的核心竞争力。为客户提供独具特色的精准式传播，助力企业品牌实现跨越式发展。

2. J 公司

J 公司拥有全国卫视资源优势和先进的媒介投放系统。目前 J 公司正在向全国数十个知名品牌提供媒介服务，服务内容包括媒介咨询及资讯、整合传播规划、媒介策略、媒介购买及执行、效果评估等。除了传统的大众媒体电视、报纸、杂志、广播外，还包括网络媒介、户外等新兴媒介。J 公司服务品牌数量和营业额连年攀升，成为国内首屈一指的媒介整合传播公司。

J 公司对品牌传播现状精准把脉，通过提供切实关注企业传播绩效的整合传播策略，大批量低成本购买、执行和完全免费的后续服务，全力降低客户广告投资的成本和风险，实现客户传播投资的价值最大化，帮助客户成功，从而确定“实效提升传播价值的开拓者”的定位。

3. Q 公司

Q公司构建一个高效、专业、迅捷的服务平台，不断优化和提高服务水平。不断完善自身管理机制，强调客户与市场导向，拓宽服务范围，提高服务深度，追求与客户长远、稳定、双赢的合作关系，使企业获得各界客户的信赖与支持。

三、融资担保方案设计

1. 信托类型

信托类型为集合资金信托。

2. 信托主体

(1)委托人/受益人为符合条件的社会合格投资者。

(2)受托人为 G 信托。

(3)借款人为 I 公司、J 公司、Q 公司。

(4)担保人为 P 担保。

3. 信托计划规模

信托计划规模为 1 400 万元。

4. 信托计划期限

信托期限为一年，自信托计划成立之日起计算。

5. 信托资金运用方式

受托人以本信托计划资金贷款给 I 公司、J 公司、Q 公司，用于其补充流动资金周转。

6. 信托计划保障方式

本信托计划项下信托贷款由 P 担保有限公司提供全额连带责任保证担保。

7. 信托计划担保

信托计划项下信托贷款由北京中小企业信用再担保有限公司及北京晨光昌盛投资担保有限公司提供全额连带责任保证担保。

8. 信托收益分配

本信托计划存续期间，信托利益每六个月分配一次，受托人在结息日收到贷款利息后的十个工作日内向受益人进行分配。

➤ 案例六　陕西省扶风县五丰信托集合资金信托计划

一、信托概要

2010 年第四季度以来，随着货币政策由“适度宽松”转向“稳健”，信贷市场趋紧，商业银行信贷额度减少，导致中小企业贷款融资更加困难。为此，陕西省宝鸡市扶风县中小企业局开始探索适合当地企业的融资服务模式，并且与 T 证券、U再担保集团等多家机构合作，开始运作中小企业集合票据等集群融资方式。但由于集合票据、集合债前期准备时间长、协调成本较高，公开信用评级要求达到BBB⁻以上，并且需要国家发改委审批或到银行间市场交易商协会注册，审批时间较长，经过近半年的运作没有成功。而与此同时，银行在信贷规模受限的情况下，也在不断进行创新，以达到稳定客户和增加中间业务收入的目标。在此情况下，V银行向扶风县中小企业局提出了发行资金信托计划为企业融资的动议。由于集合信托融资模式具有不需要外部评级，不需要外部审批，手续简单，操作周期短的优点，恰好适合中小企业资金需求的特点，最终得到政府部门和企业的认可，使之选择了集合信托计划的融资模式。2011年3月，V银行与扶风县政府、U再担保集团、W信托公司经过磋商，决定启动省级首个中小企业集合资金信托计划，为3家中小企业募集资金6 000万元，在谋求非信贷类融资上实现了一定突破。

二、企业背景

1. XA科技有限公司

XA科技有限公司是汽车零部件专业生产的高科技企业，15年来持续、稳定地发展，已成为一家集产品设计开发、铝合金熔炼、铝合金压铸件、机械加工、总装等一体的系统化、专业化生产企业，形成了以汽车零部件产品为龙头，航天、航空和机电产品为两翼的高科技创新型企业。

该公司总资产达6.28亿元。此外，公司拥有先进数控加工及检测设备，先后从日本、英国、意大利等国家和地区引进了大量的先进设备，其中韩国斗山、宁夏小巨人、台湾协鸿、杭州友嘉等加工中心53台，熔炼反射炉8台，250T、350T、280T、400T、530T、730T、850T、900T、1250T、1650T、2000T压铸机18台，自动取件机11台，ABB机器人20台，高精度数控车4台，数控车床11台，珩磨机1台，清洗机2台，浸渗机1台，抛丸机5台，圆盘铣1台，钻孔攻丝机等180余台，意大利COORD3三坐标测量机1台，美国前哨三坐标测量机1台、清洁度检测仪1台，德国对刀仪1台，英国阿朗2500型直读光谱仪1台、X光无损探伤机1台、拉力试验机1台、投影仪1台、硬度机2台、金相分析仪1台等先进生产、检测设备，使产品制造有了可靠的质量保证。同时，该公司已形成年产汽车变速器和离合器30万套、铝合金锭10万吨、铝合金压铸件1.5万吨，汽车件产品加工300万套的生产能力。

目前公司产品在同行业中享有很高的声誉，且与国内多家大型汽车制造企业建立了长期战略合作伙伴关系，并得到了充分的认可。随着XA公司国际化战略目标的持续推进，国际市场也有了新的拓展，使企业在整体的经营格局上，成功实现了生产加工型企业向出口贸易型企业的转换，产品已出口法国、美国、意大利、日本、韩国等国际知名的汽车集团公司及零部件制造商。

2. LS纺织有限公司

LS纺织有限公司交通发达，通信便捷，地理位置优越。公司为市级农业产业化龙头企业，属于国家发改委产品结构调整鼓励类高档紧密纺织生产企业，建立了从原材料到产品的整体开发体系，摆脱低档次棉纱的恶性竞争，逐步提高产品档次，提升产品附加值，从而适应了国际化竞争的需要。

公司引进了具有国内外先进水平的纺织设备，主要生产气流纺纱及32S-120S紧密纺纱，该纱利用集聚技术，改变了棉纱内在结构及外观，棉纱质量明显提高。紧密纱织物有手感细腻、丝光感、不易起球、免烫整理等特点，是生产高档织物面料的最佳选择。公司在上海、广州、常州等全国几十个大中城市建立了庞大的销售网络与服务网络体系，扩大了销售渠道。紧密纺纱的下游增值应用已经在逐渐拓展，紧密纺纱市场供不应求，市场潜在需求大，前景良好，产品市场竞争力相当可观。

3. HF科技发展有限公司

HF科技发展有限公司作为国家农业产业化龙头企业和高新技术企业，注重以科技促发展，以创新求生存，现在已发展成为以油脂制取、植物油酸、棕榈酸、甘油、植物沥青、表面活性剂(如MES，即脂肪酸甲酯磺酸钠)系列产品的开发、生产为核心的既专业又多元化的生产企业。

公司多年来与国内外众多科研机构和大专院校保持着密切的合作关系，公司不仅向他们提供优质的产品，还可根据他们的实际情况提供系统持续的技术支持和建议。公司以优良的产品，优质的服务和良好的信誉服务于广大用户。

三、担保业务流程

1. 交易结构图

五丰信托集合资金信托计划交易结构图如图6.6所示。

2. 信托计划介绍

(1)信托计划名称为五丰信托集合资金信托计划。

(2)信托计划规模为6 000万元。

(3)信托计划期限为1年，自信托计划成立之日起计算。

(4)信托计划受托人为W信托有限公司。

(5)信托资金运用方式。信托资金用于向目标企业LS纺织有限公司、HF科技发展有限公司、XA科技有限公司发放流动资金贷款。

(6)信托计划保障方式。本信托计划项下信托贷款由U再担保集团有限公司提供全额连带责任保证担保。

(7)根据信托文件的约定，委托人指定北京信托将6 000万元资金分别用于

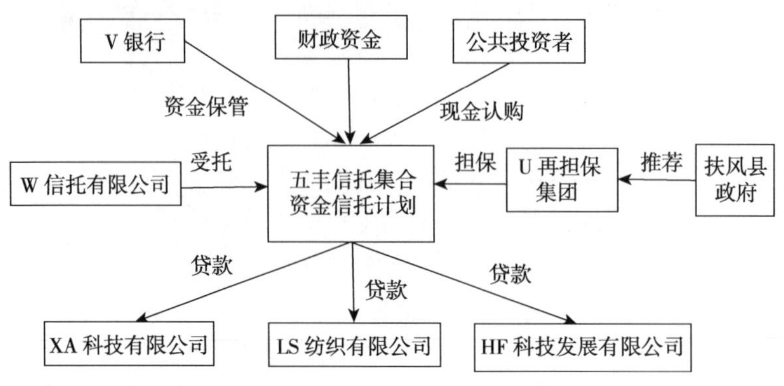

图 6.6　五丰信托集合资金信托计划交易结构图

向山东 XA 科技有限公司发放流动资金贷款 2 000 万元、LS 纺织有限公司发放流动资金贷款 2 000 万元，以及向 HF 科技发展有限公司发放流动资金贷款 2 000 万元。

四、风险控制

该信托计划的主要风险控制措施包括以下内容。

(1)国资担保公司担保。U 再担保集团有限公司为信托计划提供不可撤销的连带责任保证。

(2)地方政府支持。为大力发展中小企业，市政府高度重视本次信托计划发行，三家企业均为政府推荐的优质企业。

(3)资金监控严密。信托资金由托管行保管，严格监控信托资金使用，保证信托资金安全。

(4)投资范围可控。该集合信托计划仅限于向三家企业发放流动资金信托贷款，未涉及政府融资平台、房地产等高风险项目。

案例七　上海中小·希望之星中小企业集合信托计划

一、信托概要

近年来，国内外复杂多变的经济形势，给上海市中小企业发展带来了巨大的挑战和新的困难，中小企业融资难问题更加突出。上海市经济和信息化委员会积极贯彻落实国务院、上海市促进中小企业发展的政策措施。针对中小企业，特别是小型、微型企业融资成本高，信用级别较低，无法满足银行贷款和担保机构担保要求的问题，拓宽融资渠道，创新融资产品，推出中小企业集合信托产品，即“上海中小•希望之星中小企业集合信托计划”。

中小企业集合信托是指多家中小企业联合起来作为一个整体，通过信托公司统一发行信托计划募集资金，并把募集到的资金分配到各家企业。

二、参与主体及职能

1. LD 机械设备制造有限公司

LD 机械设备制造有限公司拥有各类设备 500 多台，具有年产 5 万台各种型号微型耕作机的能力，是生产微型耕作机的专业骨干企业。企业已通过 ISO 9001 质量管理体系认证。企业具有独立自主开发研制新产品的能力。该系列产品自投放市场以来，深受广大用户的欢迎，已在国内各省、直辖市、自治区广泛应用，部分型号的产品已远销国外。DWG 系列产品的各种型号均已通过上海市农业机械试验鉴定站的新产品鉴定，农业部农业机械试验鉴定总站推广鉴定，并列入《国家支持推广的农业机械产品目录》。

LD 机械设备制造有限公司凭借坚持不懈的信念、植根农业的决心，不断走技术创新之路、不断从农民中来到农民中去，最终使曾经难以为继的企业发展为如今的中国微耕机行业领头羊。如今 LD 机械设备制造有限公司产品畅销国内、远销海外，已被用户和业界认可。

2. QD 化工有限公司

QD 化工有限公司是国内专业研制和生产以异噻唑啉酮为主的杀菌剂、防腐剂、防霉剂、灭藻剂的厂家之一。十多年来，QD 化工有限公司已经发展成为集研发、生产、销售、服务于一体的企业，是国内同行业的排头兵。其产品应用领域涵盖造纸、工业循环冷却水、卫生消毒、化妆品、皮革、毛纺、涂料、金属切削液、油料、润滑油、木材防腐等诸多行业，产品市场涉及全球五大洲。多年来，该公司一直致力于产品创新、技术创新和产业化，在业界树立了良好的企业形象。QD 化工有限公司拥有着一支先进的科研开发和技术服务队伍，配有现代化的科研、分析和评价设备，为公司进一步发展提供了良好的人才支撑及技术支持。

三、担保业务流程

1. 交易结构图

上海中小·希望之星中小企业集合信托计划交易结构图如图 6.7 所示。

2. 信托计划介绍

(1)信托计划规模为 4 000 万元。

(2)信托资金运用方式。信托资金分别用于向 LD 机械设备制造有限公司发放信托贷款 1 000 万元，向 QD 化工有限公司发放信托贷款 3 000 万元，信托贷款主要用于借款人补充流动资金周转。

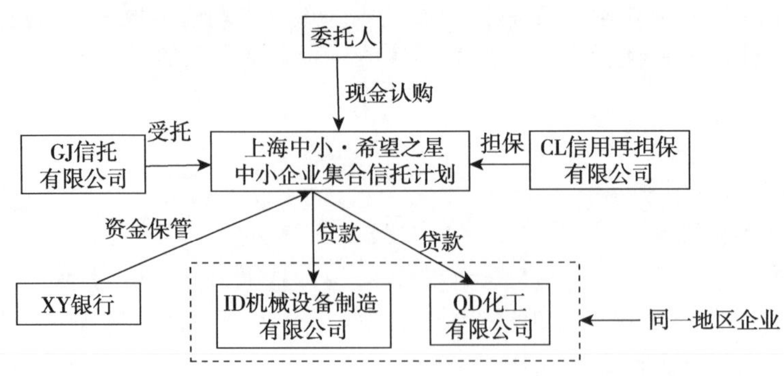

图 6.7　上海中小·希望之星中小企业集合信托计划交易结构图

(3)本信托计划的资金保管人为 XY 银行。

(4)本信托计划的受托人为 GL 信托有限公司。

(5)信托计划保障方式。本信托贷款由 CL 信用再担保有限公司提供全额连带责任保证担保。

第四节　"信托+担保"模式案例分析

通过以上七个案例的分析，我们可以看出，信托+担保模式相比于其他担保方式有很大的优越性。

对于债权人来说，这种模式更为安全：信托+担保模式是一种综合的担保方式，它结合了人的担保、物的担保、所有权让与等多种担保方式。它的安全性大大高于单一的担保方式。与此同时，相对于质押、抵押等担保方式，信托+担保模式无须起诉，信托担保公司经债权人许可可以直接将信托资产变卖变现。最重要的是，银行收贷难已经导致很多银行达到濒临破产的境地。究其原因，最主要的一点是，银行客户经理以放贷为目的谋求个人利益，而忽略对债务人财力情况、资信情况、抵押财产的价值及实现抵押权的可行性进行审核。这种畸形、走过场的审核方式使银行的资产得到侵蚀，从而影响中小企业的信贷状况。而信托+担保制度，将审核的权力交给信托担保公司，这种私有的、以营利为目的的信托担保公司会以百倍的注意全方位地审查债务人的情况。这会大大保障信贷安全，以企业私有性之长补公有性之短，使银行的财产免遭损失，更好地发挥银行国有的优越性。

对于债务人来说，信托+担保模式的突出优点在于增加债权实现的安全系数，而对于信托担保人来讲，以取得财产的法定所有权作为承担担保责任的对价和前提，先享有权利而后履行义务。其享有的法定所有权不仅是对债权人债权的担保，也是对其自身利益的担保，其不会承担任何不利或风险。

第七章
科技型中小企业担保融资评价指标体系

第一节　担保融资评价指标体系概述

一、担保企业建立担保融资评价指标体系的背景

2013 年是担保行业风险与机遇并存的一年。担保行业在缓解中小企业融资难上所发挥的作用，得到了多方认可；此外，《融资担保行业管理办法》的修订告一段落，担保业将有更高层次的制度指引；最后，中国融资担保行业协会成立标志着全国性的行业组织诞生，而行业自律组织的产生必然会推动担保业更规范地发展。与此同时，一些担保业仍然存在灰色地带——违法违规乱集资、高利贷、扰乱金融的活动继续存在，而且在全国各个地域都有所发生。广东省担保协会的数据显示，截至 2013 年 6 月，全省(深圳除外)新增担保额同比下降 67%，仅五成的担保公司仍在开展业务。而根据广州市人民政府金融工作办公室的数据，目前广州 90 余家融资性担保公司中，已退出市场的共计 20 家，约占两成。

通过本课题对多家担保公司的走访调研，我们发现，传统的担保公司目前正处于微利、与银行风险收益不对称的现状中，并且是全国各地的普遍现象。担保公司的融资担保业务都是“次级贷款”业务，只有银行不能直接放贷的时候才需要担保公司介入，但是，这并不意味着担保公司一定会发生代偿损失。由于担保公司的风险判断标准和银行不尽一致，不符合银行贷款条件的企业，担保公司可以利用自己控制风险的手段提供担保。但近年，担保公司的代偿率普遍上升，存在较大的信用风险。

为进一步加快社会信用体系建设，促进信用担保行业的规范发展，推动商业银行与担保机构之间的信任与合作，国家及地方各级政府相继出台一系列相关政策、措施，并组织开展担保机构信用评级工作。担保行业未来的发展需要规范化

的监督管理和业务操作程序，在走访调研多家担保机构后我们发现，一些大型国有一线城市的担保机构具有较为完善的风险控制体系并非常重视对中小企业的信用评价，而大部分的民营担保公司和一些三四线城市有国资背景的担保机构都没有建立统一、完善的信用评级指标体系。

二、担保企业建立担保融资评价指标体系的意义

从科技型中小企业融资需求角度来看，虽然大部分担保公司生存艰难，但中小企业的融资需求却仍然旺盛。各地迅猛发展的科技型中小企业中，会有更多的企业因不适合传统银行信贷条件的融资需求而得不到满足和解决。在难以通过担保公司获得银行信贷后，不少中小企业通过小贷公司甚至民间借贷进行融资，这实质上提高了企业的融资成本。目前中小企业通过银行直接融资成本在7%左右，而通过担保融资的话，加上保费总成本仍能控制在10%以内，但小额贷款、地下市场等融资渠道的成本则要达到20%以上。因此，为缓解针对科技型中小企业融资难的问题，《国家中长期科学和技术发展规划纲要(2006—2020年)》提出“实施促进创新创业的金融政策”，全国科技创新大会上，时任国家主席胡锦涛强调“促进科技和金融结合”，《关于促进科技和金融结合加快实施自主创新战略的若干意见》明确了如何推进科技和金融结合的具体意见(李心丹和束兰根，2013)。因此，对银行信用放大的担保公司是实施科技金融的重要金融机构，而信用评级指标体系的建立可以帮助担保公司科学控制信用风险，使真正信用良好、有发展前景的科技型中小企业的融资需求得到解决。

从担保公司的生存角度来看，在开展业务的过程中，只要能有效化解企业偿债风险，保费收入就转化为担保公司实际的收入。担保公司通过个性化的服务，逐一去考察和判断企业的风险，在风险识别和控制上完全优于银行。但近年来，逐渐上升的代偿率使担保公司对轻资产特征的科技型中小企业望而却步。因此，针对科技型中小企业的评价指标体系可以指导担保公司有效控制代偿率，获得风险可控的保费收入。此外，担保公司加强自身管理、规范运营对迎接未来的转型时期具有一定的战略意义。

从我国信用建设的角度来看，随着我国经济的不断发展，资本市场的不断完善，对受评企业的信用评级作为解决资本市场信息不对称的有效途径受到了越来越多的重视，信用评级的重要性日益突出。因此，担保公司开展信用评级有利于资本市场建立统一标准，达到公平、公正、公开的目的；信用评级有助于被评级企业防范商业风险，更好地控制上下游关系，为现代企业制度的建设提供良好的条件；信用评级有助于金融机构的借贷风险管理和控制；信用评级有助于政府职能机构的监管和调节。

由于我国现阶段社会化的征信体系还未建立完善，对中小企业的信用评估工

作应视具体情况在担保机构和商业银行间合理分担，其中两者间相互交换被担保企业的相关信息尤为重要，这种信息资源的共享可以大大节约双方的审查成本。信用评级制度的建立和实行，既可以使担保机构更全面地掌握被担保企业的相关信息，同时也有利于降低对中小企业贷款的利率或反担保要求，进而有助于减少逆向选择问题。

第二节　科技型中小企业担保融资评价指标体系相关理论

信用评级制度最早出现在美国，并已在西方发达国家运作百年之久。在市场交易特别是资本交易中，存在着严重的信息不对称现象，为了降低信息不对称带来的损失，信用评级应运而生，其理论基础主要是经济学理论的信息不对称理论。因此，基于信用评级本身的结构，结合信息不对称理论的要求、关系型贷款理论的内容，对科技型中小企业融资担保评价体系进行了理论分析，担保融资评价体系理论路线见图 7.1。

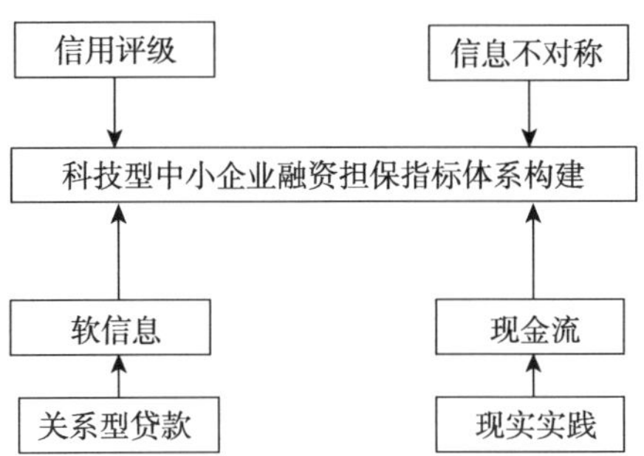

图 7.1　担保融资评价体系理论路线图

一、担保融资评价指标体系相关理论及文献综述

信用评级，是指由独立、中立的专业评级机构或部门，受评级对象的委托，根据“公正、客观、科学”的原则，以评级事项的法律、法规、制度和有关标准化的规定为依据，采用规范化的程序和科学化的方法，对评级对象履行相应经济承诺的能力及可信任程度进行调查、审核和测定，经过同评级事项有关的参数值进行横向比较和综合评价，并以简单、直观的符号(如 AAA、A、BB 等)表示其评价结果，公布给社会大众的一种评价行为(陈元燮，2000)。1994 年穆迪公司在《全球信用分析》(*Global Credit Analysis*)一书中指出：“评等之目的，在于设定一种指标，预测债券发行人未付、迟付或欠付而可能导致信用损失。”信用评级是

资本市场、信贷市场发展到一定阶段的产物，它已成为提高社会资源配置效率、降低金融产品投资风险、扩大企业融资渠道、保证资本市场和信贷市场有效运行的一项重要的制度性安排措施。

1970 年，乔治·阿克诺夫最早用二手车交易市场模型说明了信息不对称的后果及解决信息不对称的一些经济机制，其中担保就是消除信息不对称的有效途径。此后，在信息不对称理论的框架内，现代经济学与金融学对信贷融资担保问题的研究取得了重大突破，主要从以下几个角度展开。

1976 年，巴罗较早地把担保问题纳入经济学和金融学的理论视野。他根据大量关于信贷配给的理论文献提出一个完整的信贷融资担保模型，并声称他的理论分析并不涉及信贷配给本身，从而给信贷融资担保研究赋予了相对独立的地位。

Chan 和 Kanatas(1985)研究了在信息不对称条件下担保的信号传递功能，他们认为当借贷双方具有不同信息时，担保可以提高贷款者对其预期收益的评估能力，即在理性预期信号传递环境中，担保可以充当一种附加的、间接的信号源。担保机构与其客户之间同样存在着信息不对称的问题(吴敬琏，2004)。

杨胜刚和胡海波(2006)通过数理建模分析了信用担保机构的两种风险控制手段——比例担保和反担保的不同组合对中小企业信贷市场上逆向选择和道德风险的不同影响。中小企业提供的反担保品价值大于担保贷款本息时，信用担保机构在与商业银行的合作博弈中选择较高的担保比例，才有利于减少信息不对称导致的逆向选择和道德风险的发生。

晏露蓉等(2007)从挖掘中小企业融资担保模式创新的需求人手，深入剖析传统融资担保模式风险与收益不匹配的缺陷，并探讨和借鉴了近期国内出现的几种有特色的担保创新模式，包括浙江“桥隧模式”、深圳“担保换期权模式”和福建“行业性专业担保模式”①。在以上研究分析的基础上，提出构建多样化融资担保模式的结构性建议，试图为担保机构和中小企业突破传统融资障碍开拓思路、提供参考。

董辅礽(2003)将信用评级定义为由专门的评级机构对市场主体偿还债务的能力或某金融工具的投资风险加以评估，以特定符号表示出其可信任程度，并展示给广大投资者的过程。

冯雪琰(2006)指出中小企业信用评级的基本原则和信用评级方法，介绍中小企业信用评级的指标体系，包括生产经营状况、偿债能力、经营者素质等几个方面②。

---

① 晏露蓉，赖永文，张斌，等．创建合理高效的中小企业融资担保体系研究．金融研究，2007，(10)：152-165.

② 冯雪琰．中小企业信用评级方法改进初探．会计之友，2006，(05Z)：57.

综上所述，我国的信用评级行业无论是在理论方面还是实践中都尚不成熟，关于担保行业信用评级方面的理论和方法比较少。因此，需要我们在借鉴国外成熟、先进的评级技术和经验的基础上，不断完善我国担保行业信用评级理论，并将其不断运用到实践中，以检验理论的有效性和可行性。

二、关系型贷款理论及文献综述

美国经济学家 Berger 和 Udell(1995)将银行开展的基于不同种类信息的多种贷款技术归纳为四大类[①]。

(1)财务报表型贷款(financial statements lending)。该类贷款的发放决策和贷款条件主要基于贷款申请者所提供的财务报表所反映的财务信息。它主要适用于信息透明度高的大企业和一些有较长历史的中型企业，中小企业大多难以满足这类贷款所需的信息条件。

(2)抵押担保型贷款，又称资产保证型贷款(asset-based lending)。这类贷款的决策主要取决于借款者所能提供的抵押品的数量和质量，而非其财务信息，即抵押和担保成为信用分析的某种替代机制。资产保证型贷款有很强的事后监控机能，可以降低道德风险的发生概率，被广泛应用于对中小企业的贷款中。它的主要缺点是交易成本过高，手续烦琐，而且无法满足抵押和担保要求的中小企业将被拒之门外。

(3)信用评分(credit scoring)技术。这是一项运用现代数理统计模型和信息技术对客户的信用记录进行计量分析从而做出决策的新技术。它具有成本低、效率高等特点，可以在较大程度上缓解信息问题，20 世纪 80 年代以来被美国金融机构运用于小额贷款的发放上。但由于该项技术较复杂，对信息系统和数据积累的要求较高，其应用范围受到限制。

(4)关系型贷款(relationship lending)。该类贷款指银行的贷款决策主要基于长期和多种渠道的接触所积累的关于借款企业及其业主的相关信息而做出。这些信息除了通过办理企业的存贷款、结算和咨询业务而直接获得以外，还可以从企业的利益相关者(股东、债权人、员工、供应商和顾客等)及企业所在的社区获得；它们不仅涉及企业的财务和经营状况，还包含了许多有关企业行为、信誉和业主个人品行的信息。关系型贷款的基本前提是，银行和企业之间必须保持长期、密切而且相对封闭的交易关系，即企业固定地与数量极少的(通常为一到两家)银行打交道。由于关系型贷款不拘泥于企业能否提供合格的财务信息和抵押品，因而最适合于中小企业。在美国，关系型贷款通常是以银行信贷额度(line

---

① Berger A N, Udell G F. Relationship lending and lines of credit in small firm finance. Journal of Business, 1995, 68: 351-382.

of credit)的方式发放的。

关系型贷款所涉及的主要是难以量化和传递的“软信息”(soft information)，其具有强烈的人格化特征。这种软信息可视为银行生产的关于特定企业及其业主的专有知识(idiosyncratic knowledge)。因信息不对称所导致的中小企业融资困难，其本质是金融交易中的市场失效。具有准市场交易特征的关系型借贷，实际上正是银行和企业为克服这种市场失效而共同构建的一种制度安排。

其他国家的许多研究文献也证明，长期化和交易对象集中化的关系型借贷有助于改善中小企业贷款的可得性和贷款条件，能够较为有效地缓解中小企业的融资困难(Berger and Udell，1995；Angelini et al.，1998)。

张捷(2002)围绕融资中的信息种类与银行组织结构的关系，分析了银行与企业之间的关系型借贷对中小企业融资的作用，并通过一个权衡信息成本与代理成本以寻求最优贷款决策位置的组织理论模型，证明了在关系型贷款上的小银行优势。

第三节　科技型中小企业担保融资指标评价体系构建

一、科技型中小企业担保融资评价指标体系现状

信用是所有企业的经营之本，担保公司作用的实质是提升被担保人的信用程度。就担保公司的经营风险而言，每笔担保业务的成败，都将涉及公司的存亡问题。担保业务不像保险业务，可以依据“大数法则”规避风险。贷款担保业务的成功率必须达到100%，才能维持正常运行，就目前的信用环境和业务运作模式而言，这种要求显然是不切实际的。再者，我国专业信用机构还处于发展的初级阶段，信用调查、信用征集、信用评级、信用证明等专业中介机构几乎是空白，这类业务一般是经营信用的机构依靠自身力量解决，存在标准不一、资质不高、信息不对称、时效滞后、效率低下、信息流通性差等问题，甚至有的存在弄虚作假、欺骗公众和当事人的违规违法行为。因此，建立一套符合自身经营策略的、科学的信用评价标准体系显得十分必要。

信用评级行业已经成为现代市场经济中社会信用体系的重要组成部分。自20世纪初美国穆迪公司建立了世界上第一家信用评级机构以来，信用评级行业经过百年来的发展，在揭示和防范信用风险、降低交易成本及协助政府进行金融监管等方面发挥了重要的作用。当前穆迪公司对工业企业信用评级的内容主要包括：①行业发展趋势；②国家政治与监管环境；③管理层素质及承担风险态度；④公司经营及竞争地位；⑤财务状况及流动资金来源；⑥公司结构框架；⑦母公

司担保及支持协议；⑧突发事件风险。但在目前社会信用状况不佳的大环境下，受评企业提供的资料常常缺乏客观性和可信性，这不仅为信用评估人员的工作带来很多困难，而且直接影响到信用评级的准确性。

从全国范围来看，只有很少的担保公司对客户企业开展指标评价，主要的评价工作都是通过走访、尽职调查、上级审核、风控部审核等方式开展，并没有统一、科学、适应性强的评价方法得到应用。但随着各地区担保业对风险定量分析的重视，一些地区也展开了相应的学习工作，如辽宁省融资担保业协会于2014年5月组织了年度风险定量化分析及精细化管理培训班。

表7.1是被调研的某担保企业建立的评价指标体系，分别从获利能力、偿债能力、成长能力三方面共11个指标进行评价，且全部为定量指标。

表7.1　某担保公司中小企业资信评价表

指标类别及名称		评分标准	指标	评分	指标权数	得分	计算公式
获利能力							
净资产收益率	12%以上	100					净利润÷净资产平均余额
	10%～12%	80					
	7%～10%	60					
	4%～7%	40					
	4%以下	0					
总资产报酬率	6%以上	100					息税前利润÷总资产平均余额
	4%～6%	80					
	2%～4%	60					
	1%～2%	40					
	1%以下	0					
经营利润率	6%以上	100					(营业利润+财务费用)÷销售收入净额
	4%～6%	80					
	2%～4%	60					
	1%～2%	40					
	1%以下	0					
成本费用利润率	8%以上	100					利润总额÷成本费用总额
	6%～8%	80					
	4%～6%	60					
	2%～4%	40					
	2%以下	0					

续表

指标类别及名称		评分标准	指标	评分	指标权数	得分	计算公式
偿债能力							
资产负债率	50%以下	100					负债总额÷资产总额
	50%～60%	80					
	60%～70%	60					
	70%～80%	40					
	80%以上	0					
流动比率	2以上	100					流动资产÷流动负债
	1.5～2	80					
	1.2～1.5	60					
	1～1.2	40					
	1以下	0					
速动比率	1.2以上	100					流动资产÷流动负债
	1～1.2	80					
	0.75～1	60					
	0.5～0.75	40					
	0.5以下	0					
总资产周转率/次	2以上	100					销售收入(全口径)÷资产平均余额
	1.6～2	80					
	1.2～1.6	60					
	0.6～1.2	40					
	0.6以下	0					
应收账款周转率/次	10以上	100					销售收入(全口径)÷应收账款平均余额
	8～10	80					
	6～8	60					
	3～6	40					
	3以下	0					
成长能力							
资本积累率	20%以上	100					本期所有者权益增长额÷期初所有者权益
	15%～20%	80					
	10%～15%	60					

续表

指标类别及名称		评分标准	指标	评分	指标权数	得分	计算公式
资本积累率	5%～10%	40					本期所有者权益增长额÷期初所有者权益
	5%以下	0					
销售收入增长率	30%以上	100					当年销售收入净额÷上年销售收入净额－1
	20%～30%	80					
	10%～20%	60					
	5%～10%	40					
	5%以下	0					
合计					100		

二、科技型中小企业担保融资评价指标体系内容

根据关系型贷款的理论，关系型借贷之所以有助于缓解信贷市场上的市场失效，是因为由长期关系所产生的各种软信息，在很大程度上可以替代财务数据等硬信息。在大银行的最优决策点更加集权化的情况下，大银行更倾向于依据易于进行技术处理与传递的硬信息来决策，对大企业的市场交易性贷款更专业。专业化于对大企业的市场交易型贷款，同时放弃需要更多软信息的对中小企业的关系型贷款。担保公司的融资担保业务都是“次级贷款”业务，只有银行不能直接放贷的时候才需要担保公司介入，此时，担保公司应更多地收集中小企业的软信息。此外，课题调研发现，大多数担保公司在尽职调查过程中，关注企业的顺序一般是现金流、管理层素质、反担保措施、信用情况。因此，考虑担保公司的现状与“次级贷款”业务的特点，本课题提出的科技型中小企业担保融资指标评价体系(图 7.2)的五个方面作为评价体系的一级指标。

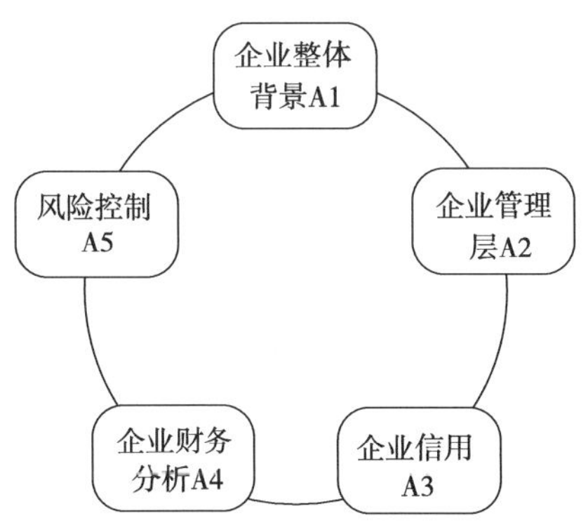

图 7.2 科技型中小企业担保融资指标体系

1. 企业整体背景 A1

衡量企业基于环境的背景因素及在当前环境下的竞争力，具体指标如表 7.2所示。

表 7.2 企业整体背景评价

一级指标	二级指标	三级指标
企业整体背景 A1	企业背景 B1	行业背景 C1
		地域背景 C2
	企业竞争力 B2	技术和产品 C3
		企业竞争优势分析 C4
		经营模式 C5

行业背景 C1：衡量行业发展趋势，进入该行业的政策限制、基本条件，行业的周期分析及预测。

地域背景 C2：衡量企业所在地区经济发展水平及增长速度、收入水平、人口结构、创新环境等因素

技术和产品 C3：衡量企业的主要技术、原材料、企业产品种类及用途、生产工艺先进性、技术人员构成、有无产品的技术研发机构等，以及企业研究开发成果、新产品生产能力、安全生产状况、环保问题等。

企业竞争优势分析 C4：衡量重点企业在生产技术水平、产品市场占有率、营销网络建设、客户关系、成本控制等方面与同行业其他企业相比存在的优劣势。

经营模式 C5：衡量企业经营模式的合理性、有效性、风险性。

2. 企业管理层 A2

衡量企业管理人员的能力和信用度，具体指标如表 7.3 所示。

表 7.3 企业管理层评价表

一级指标	二级指标	三级指标
企业管理层 A2	管理层能力 B3	个人素质 C6
		个人管理能力 C7
	管理层信用 B4	还款意愿 C8
		个人信用状况分析 C9

个人素质 C6：衡量董事长、总经理、财务总监等高管的基本情况、个人素质、管理团队的整体素质。

个人管理能力 C7：衡量企业管理层的管理水平、行业经验、市场人脉关系及管理层协作能力、管理制度及执行力。

还款意愿 C8：衡量企业管理层对资金用途的意愿及还款意愿。

个人信用状况分析 C9：衡量企业主的资产负债状况、担保诉讼情况、不良信用状况等。

3. 企业信用 A3

衡量企业受评企业有无其他银行借款，有无对外担保、或有负债及诉讼情况，企业和实际控制人的征信和法执情况有无异常情况，包括近六个月的水电费情况、开户行及主要结算行信用情况、近期社保情况、税收情况等指标，具体如表 7.4 所示。

表 7.4　企业信用评价表

一级指标	二级指标	三级指标
企业信用 A3	经营信用 B5	近六个月的水电费情况 C10
		开户行及主要结算行信用情况 C11
	责任履行信用 B6	近期社保情况 C12
		税收情况 C13

近六个月的水电费情况 C10：衡量企业近六个月的水电费情况开支是否正常规律，以反映生产经营稳定性。

开户行及主要结算行信用情况 C11：受评企业在银行的信用记录是分析的重点。因为企业历史信贷记录的好坏不仅反映了其偿还债务的能力和意愿，同时也对其获得融资有着非常重要的影响。该指标衡量企业在开户行及主要结算行的日记账流水是否正常、还款是否及时等信息。

近期社保情况 C12：衡量企业是否正常缴纳社保。

税收情况 C13：衡量企业税收是否及时完整、是否存在偷税漏税问题。

4. 企业财务分析 A4

衡量企业财务情况是否完整、运作良好，是否具有相关财务风险，主要指标包括现金流状况、盈利能力、偿债能力三个方面，具体指标如表 7.5 所示。

表 7.5　企业财务分析表

一级指标	二级指标	三级指标
企业财务分析 A4	现金流状况 B7	销售情况 C14
		款项收付情况 C15
	盈利能力 B8	销售净利率 C16
		资产净利率 C17
	偿债能力 B9	流动比率 C18
		资产负债率 C19

销售情况 C14：衡量企业销售收入增长情况、增长是否持续等情况，判断参考的指标有销售收入增长率、净资产收益率等指标。

款项收付情况 C15：衡量企业款项收付是否及时、完整。

销售净利率 C16：衡量销售收入带来利润的多少利润。

$$销售净利率=(净利/销售收入)\times 100\%$$

资产净利率 C17：衡量企业资产利用的综合效果。

$$资产净利率=(净利润/平均资产总额)\times 100\%$$

流动比率 C18：衡量企业流动资产在短期债务到期以前，可以变为现金用于偿还负债的能力，反映受评企业短期偿债能力。

$$流动比率=流动资产/流动负债$$

资产负债率 C19：衡量在总资产中有多大比例是通过借债来筹资的，也可以衡量企业在清算时保护债权人利益的程度，反映企业长期偿债能力。

5. 风险控制 A5

从担保公司角度来看，受评企业存在的风险及对于补偿的程度，包括融资用途合理性、外部支持、反担保措施、风险防控措施指标，具体如表 7.6 所示。

表 7.6　风险控制评价表

一级指标	二级指标	三级指标
风险控制 A5	风险识别 B10	融资用途合理性 C20
		外部支持 C21
	风险规避 B11	反担保措施 C22
		风险防控措施 C23

融资用途合理性 C20：衡量企业资金缺口的真实性，如融资需求是否与企业当前的业务进展情况符合，以及是否隐瞒真实用途的程度。

外部支持 C21：衡量国家产业政策支持，企业所在地政府的政策支持力度，以及企业的关联方对企业的商业信用的支持程度都对企业的发展产生重要的影响。

反担保措施 C22：衡量受评企业反担保措施提供的数量、质量、风险敞口的程度。

风险防控措施 C23：衡量担保公司能否针对相应风险对受评企业进行缓解的方法。

三、科技型中小企业担保融资指标评价体系构建方法

科技型中小企业担保融资指标体系构建方法是分析并提出基于担保企业实践和关系型贷款理论的评价指标体系。通过对担保融资评价的一、二、三级指标的研究，构建指标体系框架。指标权重是通过对各评价指标相对重要性对比得到分

值，该步骤是层次分析法中的重要步骤，权重的分配的合理程度直接关系评价结果的准确性与指导意义。本节采用层次分析法确定权重。

层次分析法是将问题变得条理、层次地科学方法，通过构建层次分析模型，对模型中同一层次的各有关因素进行两两比较评判，通过对这种比较判断结果进行综合计算处理，最终把系统分析归结为最低层相对于最高层的相对重要性权重的确定。

层次分析法的具体步骤如表 7.7 所示，判断矩阵表如表 7.8 所示。

表 7.7 层次分析法的具体步骤

步骤 1	明确问题	在分析具体问题时，首先要对问题有明确的认识，弄清问题的范围，了解问题所包含的因素，确定因素之间的关联关系和隶属关系
步骤 2	建立递阶层次结构	根据对问题的分析，将所包含各因素按照是否共有某些性质归纳为一组，并将该性质作为体系中新的层次中的一些元素，从而构成一个以目标层、若干准则层和方案层组成的递阶层次结构
步骤 3	构造判断矩阵	在建立起递阶层次结构模型后，上下层之间各因素的隶属关系被确定了，问题即转化为层次中的排序计算问题。在排序计算中，每一层次的排序又可以简化为一系列成对因素的判断比较，并根据一定的比例标度将判断定量化，形成比较判断矩阵

表 7.8 判断矩阵表

A	B_1	B_2	…	B_n
B_1	B_{11}	B_{12}	…	B_{1n}
B_2	B_{21}	B_{22}	…	B_{2n}
⋮	⋮	⋮		⋮
B_n	B_{n1}	B_{n2}	…	B_{nn}

该判断矩阵表示 A 因素与下一层因素 B_1，B_2，…，B_n 之间有联系，要对 B_1，B_2，…，B_n 这 n 个元素之间相对重要性进行比较，以确定 $n\times n$ 阶的判断矩阵 $\boldsymbol{B}=(b_{ij})$。

利用表的相对重要性比例标度方法，对于各因素依次进行相互比较判断（表 7.9)，获得表示相对重要程度的数字 b_{ij}，如此便可得到判断矩阵。

表 7.9 相对重要性的比例标度

标度	意义
1	两个因素相比同等重要
3	两个因素相比，一个因素比另一个因素稍微重要
5	两个因素相比，一个因素比另一个因素明显重要

续表

标度	意义
7	两个因素相比，一个因素比另一个因素强烈重要
9	两个因素相比，一个因素比另一个因素极度重要
2、4、6、8	上述两个标准间的折中标度

如果 B_i 与 B_j 同等重要，则 $b_{ij}=1$；如果 B_i 比 B_j 稍微重要，则 $b_{ij}=3$；如果 B_i 比 B_j 的重要性在同等重要与稍微重要之间，则 $b_{ij}=2$；等等。此外，判断矩阵 $\boldsymbol{B}$ 是一个正的矩阵，其具有以下特点。

$$b_{ij}>0,\quad i,j=1,2,\cdots,n;\quad b_{ij}=1;\quad b_{ij}=1/b_{ji}$$

1. 单准则排序及一致性检验

单准则排序是指根据判断矩阵计算某一准则下层各元素的相对权重，并进行一致性检验的过程。计算步骤如下。

计算判断矩阵每一行乘积 M_i，得

$$M_i=\prod_{j=1}^{n}b_{ij}$$

计算 M_i 的 n 次方根 $\overline{W}_i$

$$\overline{W}_i=\sqrt[n]{M_i}$$

对向量 $\overline{\boldsymbol{W}}=(\overline{W}_1,\overline{W}_2,\cdots,\overline{W}_n)^{\mathrm{T}}$ 进行归一化处理

$$W_i=\overline{W}_i\Big/\sum_{j=1}^{n}\overline{W}_j$$

于是，能够得到特征向量 $\boldsymbol{W}$，即

$$\boldsymbol{W}=(W_1,W_2,\cdots,W_n)^{\mathrm{T}}$$

计算最大特征根 $\lambda_{\max}$

$$\lambda_{\max}=\frac{1}{n}\sum_{i=1}^{n}\frac{(\boldsymbol{BW})_i}{W_i}$$

进行一致性检验

$$\mathrm{CI}=\frac{\lambda_{\max}-n}{n-1},\qquad \mathrm{CR}=\frac{\mathrm{CI}}{\mathrm{RI}}$$

由于客观世界的复杂性及人们对于事物认知的模糊性和多样性，会导致所给出的判断矩阵不可能完全一致，也就是会发生 $\lambda_{\max}>n$ 的情形，因此需要进一步进行 CI 一致性检验。为了检验判断矩阵的一致性问题，需引入一致性指标。

此外，判断矩阵的一致性还具有随机性，这种随机一致性可以使用平均随机一致性指标 RI 来进行表示，其值与矩阵维数相关，表 7.10 列出了维数为 1～10 的矩阵分别对应的平均随机一致性指标取值，并据此计算相对一致性指标，

即 CR。

表 7.10　平均随机一致性指标取值

维数 n	1	2	3	4	5	6	7	8	9	10
RI	0	0	0.58	0.90	1.12	1.24	1.32	1.41	1.45	1.49

一般可以认为，在 $CR<0.1$ 的时候，判断矩阵基本符合完全一致性条件；在 $CR\geqslant 0.1$ 的时候，则认为判断矩阵不符合完全一致性条件，需要对判断矩阵的元素取值进行调整和修正，从而使之满足 $CR<0.1$，具有良好的一致性。

2. 层次综合排序及一致性检验

在完成单准则排序的基础上，可以进一步进行层次综合排序，也就是计算每一层次中各个元素相对于总目标的综合权重，并进行综合判断一致性检验。将计算同一层次所有元素相对于最高层(总目标)相对重要性排序权值称作层次总排序。

若上一层次 A 中包含 m 个指标，A_1，A_2，…，A_m，该层次总排序为 a_1，a_2，…，a_m。其下一层次 B 中包含 n 个指标，B_1，B_2，…，B_n，每一个指标相对于上一层次指标 A_i 的层次单排序权值分别为 b_{1i}，b_{2i}，…，b_{ni}，(当指标 B_j 与指标 A_i 无关时，b_{ji} 为 0)，则 B 层次的总排序权值计算如表 7.11 所示。

表 7.11　总排序权值计算

A_i \ B_j	A_1	A_2	…	A_i	…	A_m	B 层次总排序权值
	a_1	a_2	…	a_i	…	a_m	
B_1	b_{11}	b_{12}	…	b_{1i}	…	b_{1m}	$\sum_{i=1}^{m} a_i b_{1i}$
B_2	b_{21}	b_{22}	…	b_{2i}	…	b_{2m}	$\sum_{i=1}^{m} a_i b_{2i}$
⋮	⋮	⋮		⋮		⋮	⋮
B_j	b_{j1}	b_{j2}	…	b_{ji}	…	b_{jm}	$\sum_{i=1}^{m} a_i b_{ji}$
⋮	⋮	⋮		⋮		⋮	⋮
B_n	b_{n1}	b_{n2}	…	b_{ni}	…	b_{nm}	$\sum_{i=1}^{m} a_i b_{ni}$

A 层次总排序随机一致性比率为

$$CR=\sum_{i=1}^{m} a_i \, CI_i \Big/ \sum_{i=1}^{m} a_i \, RI_i$$

当 $CR<0.1$ 时，可以认为层次总排序具有较好的一致性。通过进行一致性检验，可以鉴别专家们所给出的各项指标权重和评判是否存在矛盾，从而确保评判的准确性。

3. 确定组合权重系数

组合权重系数用于描述在综合考虑上下相邻两层各因素权重系数之后，通过计算得出的相对于更上一层相应因素的权重系数，即优先函数。

四、科技型中小企业担保融资指标评价体系权重计算

评价指标体系的权重是专家打分进行项目评价的基础步骤，通过专家对各个指标的相对重要性的比较，权重计算主要依据专家打分表的结果，专家对权重的打分表如表 7.12～表 7.28 所示。

表 7.12 担保融资指标评价权重打分表

担保融资指标	最重要	相邻中值	很重要	相邻中值	较重要	相邻中值	稍重要	相邻中值	不重要
企业整体背景									
企业管理层									
企业信用									
企业财务分析									
风险控制									

表 7.13 企业整体背景权重打分表

企业整体背景	最重要	相邻中值	很重要	相邻中值	较重要	相邻中值	稍重要	相邻中值	不重要
企业背景									
企业竞争力									

表 7.14 企业管理层权重打分表

企业管理层	最重要	相邻中值	很重要	相邻中值	较重要	相邻中值	稍重要	相邻中值	不重要
管理层能力									
管理层信用									

表 7.15 企业信用权重打分表

企业信用	最重要	相邻中值	很重要	相邻中值	较重要	相邻中值	稍重要	相邻中值	不重要
经营信用									
责任履行信用									

表 7.16 企业财务分析权重打分表

企业财务分析	最重要	相邻中值	很重要	相邻中值	较重要	相邻中值	稍重要	相邻中值	不重要
现金流状况									
盈利能力									
偿债能力									

表 7.17 风险控制权重打分表

风险控制	最重要	相邻中值	很重要	相邻中值	较重要	相邻中值	稍重要	相邻中值	不重要
风险识别									
风险规避									

表 7.18 企业背景权重打分表

企业背景	最重要	相邻中值	很重要	相邻中值	较重要	相邻中值	稍重要	相邻中值	不重要
行业背景									
地域背景									

表 7.19 企业竞争力权重打分表

企业竞争力	最重要	相邻中值	很重要	相邻中值	较重要	相邻中值	稍重要	相邻中值	不重要
技术和产品									
企业竞争优势分析									
经营模式									

表 7.20 管理层能力权重打分表

管理层能力	最重要	相邻中值	很重要	相邻中值	较重要	相邻中值	稍重要	相邻中值	不重要
个人素质									
个人管理能力									

表 7.21 管理层信用权重打分表

管理层信用	最重要	相邻中值	很重要	相邻中值	较重要	相邻中值	稍重要	相邻中值	不重要
还款意愿									
个人信用状况分析									

表 7.22 经营信用权重打分表

经营信用	最重要	相邻中值	很重要	相邻中值	较重要	相邻中值	稍重要	相邻中值	不重要
近六个月的水电费情况									
开户行及主要结算行信用情况									

表 7.23 责任履行信用权重打分表

责任履行信用	最重要	相邻中值	很重要	相邻中值	较重要	相邻中值	稍重要	相邻中值	不重要
近期社保情况									
税收情况									

表 7.24 现金流状况权重打分表

现金流状况	最重要	相邻中值	很重要	相邻中值	较重要	相邻中值	稍重要	相邻中值	不重要
销售情况									
款项收付情况									

表 7.25 盈利能力权重打分表

盈利能力	最重要	相邻中值	很重要	相邻中值	较重要	相邻中值	稍重要	相邻中值	不重要
销售净利率									
资产净利率									

表 7.26 偿债能力权重打分表

偿债能力	最重要	相邻中值	很重要	相邻中值	较重要	相邻中值	稍重要	相邻中值	不重要
流动比率									
资产负债率									

表 7.27 风险识别权重打分表

风险识别	最重要	相邻中值	很重要	相邻中值	较重要	相邻中值	稍重要	相邻中值	不重要
融资用途合理性									
外部支持									

表 7.28 风险规避权重打分表

风险规避	最重要	相邻中值	很重要	相邻中值	较重要	相邻中值	稍重要	相邻中值	不重要
反担保措施									
风险防控措施									

通过对专家一、二、三级指标的打分进行相应的运算，得到融资担保指标体系权重计算结果，如表 7.29 所示。

表 7.29 融资担保指标体系权重计算结果

一级指标	相对于总目标权重	二级指标	相对于总目标权重	三级指标	相对于总目标权重
企业整体背景A1	0.052 615 007	企业背景 B1	0.034 726	行业背景 C1	0.026 044 429
				地域背景 C2	0.008 681 476
		企业竞争力 B2	0.017 889	技术和产品 C3	0.009 653 22
				企业竞争优势分析 C4	0.005 312 372
				经营模式 C5	0.002 923 511

续表

一级指标	相对于总目标权重	二级指标	相对于总目标权重	三级指标	相对于总目标权重
企业管理层A2	0.255 494 99	管理层能力 B3	0.127 747	个人素质 C6	0.063 873 748
				个人管理能力 C7	0.063 873 748
		管理层信用 B4	0.127 747	还款意愿 C8	0.031 936 874
				个人信用状况分析 C9	0.095 810 621
企业信用 A3	0.411 213 288	经营信用 B5	0.308 41	近六个月的水电费情况 C10	0.077 102 491
				开户行及主要结算行信用情况 C11	0.231 307 474
		责任履行信用 B6	0.102 803	近期社保情况 C12	0.051 401 661
				税收情况 C13	0.051 401 661
企业财务分析A4	0.140 338 358	现金流状况 B7	0.112 271	销售情况 C14	0.075 221 36
				款项收付情况 C15	0.037 049 326
		盈利能力 B8	0.014 034	销售净利率 C16	0.007 016 918
				资产净利率 C17	0.007 016 918
		偿债能力 B9	0.014 034	流动比率 C18	0.009 262 332
				资产负债率 C19	0.004 771 504
风险控制 A5	0.140 338 358	风险识别 B10	0.070 169	融资用途合理性 C20	0.047 013 35
				外部支持 C21	0.023 155 829
		风险规避 B11	0.070 169	反担保措施 C22	0.056 135 343
				风险防控措施 C23	0.014 033 836

由表 7.29 可以看出，各个过程当中，占比最大的是企业信用因素，与关系型贷款理论中的担保公司作为小“银行类”机构应更关注受评企业“软信息”一致，其次是企业管理层，表明在对科技型中小企业中“投资要看人”的理念相一致。企业财务分析与风险控制的重要程度相同，都高于对企业背景因素的分析。

第四节 科技型中小企业担保融资指标评价体系案例研究[①]

一、案例简介

南京宜信机电技术有限责任公司(简称宜信公司)于 1995 年 8 月成立。1988 年，该公司前身被公司所在试验区办公室认定为新技术企业。从公司出资情况来看，公司主要由三人共同投资组建。出资超过 50%的李某为法定代表人，高中学历。公司总经理为马某，硕士学历，中共党员，二人是夫妻关系。

目前宜信公司的主要产品为高压变频调整设备，单台设备的价格不到同类型的日本进口设备价格的一半。据介绍，公司现已达到年产 100 台的生产能力。公司已销售一台小型该设备，是客户上门销售。公司现正联络代理销售商，正在进行销售人员的培训及销售队伍的建设。

宜信公司技术先进，市场前景广阔，但是家族气氛较浓，财务不规范，产权不清晰。公司所拥有的技术具有国际先进水平，但其经营管理水平不高。

二、案例打分

本节将评分标准分为优秀、良好、中等、合格、差五档，并选取 7 位专家对评价中的各个二级指标进行评分，评分等级如表 7.30 所示，评分标准如表 7.31 所示。

表 7.30 评分等级表

等级	分数范围	组中值
优秀	90～100	95
良好	80～90	85
中等	70～80	75
合格	60～70	65
差	0～60	30

表 7.31 评分标准

等级	评分标准
优秀	高于同行业平均水平，表现优异或超出预期

① 以南京宜信机电技术有限责任公司为例。

续表

等级	评分标准
良好	略高于同行业平均水平，表现较好或达到预期
中等	与同行业水平相当，表现一般且达到预期
合格	略低于同行业平均水平，表现略差或未达到预期
差	远低于同行业平均水平，表现很差或远未达到预期

通过对各位专家的打分进行平均，最终该项目的打分结果如表 7.32 所示。

表 7.32　××机电担保融资评价得分

一级指标	二级指标	三级指标	项目得分
企业整体背景 A1	企业背景 B1	行业背景 C1	92.988 72
		地域背景 C2	88.583 23
	企业竞争力 B2	技术和产品 C3	94.744 82
		企业竞争优势分析 C4	93.372 85
		经营模式 C5	70.218 93
企业管理层 A2	管理层能力 B3	个人素质 C6	90.726 6
		个人管理能力 C7	81.423 3
	管理层信用 B4	还款意愿 C8	90.855 72
		个人信用状况分析 C9	93.030 36
企业信用 A3	经营信用 B5	近六个月的水电费情况 C10	82.988 72
		开户行及主要结算行信用情况 C11	90.583 23
	责任履行信用 B6	近期社保情况 C12	83.744 82
		税收情况 C13	85.372 85
企业财务分析 A4	现金流状况 B7	销售情况 C14	94.734 48
		款项收付情况 C15	90.238 54
	盈利能力 B8	销售净利率 C16	93.010 13
		资产净利率 C17	95.083 59
	偿债能力 B9	流动比率 C18	83.199 31
		资产负债率 C19	97.477 7
风险控制 A5	风险识别 B10	融资用途合理性 C20	93.895 09
		外部支持 C21	93.734 48
	风险规避 B11	反担保措施 C22	84.238 54

续表

一级指标	二级指标	三级指标	项目得分
风险控制 A5	风险规避 B11	风险防控措施 C23	78.030 36

三、案例评析

该案例的最终得分为 89.095。公司的优势在于其产品的创新性，不但被国家认定为国家技术创新项目，在市场上也有较为广泛的接受度，因此该项目技术和产品指标得到 94.744 82 分，资产净利率得到 95.083 59 分，销售情况指标得分也较高，为 94.734 48。但是，公司财务指标较差且没有较为规范的销售团队和渠道，因此公司发展的主要限制在于其产品链的下游。

公司所拥有的实用新型专利依附于公司所拥有的发明专利，并且实用新型专利本身价值较低，不适合作为反担保措施，第三方反担保环节多，一旦发生代偿，追偿成本较高，也不适合作为反担保措施。基于以上几点，最终的担保方案为在公司同意将发明专利作为反担保措施的情况下为该公司提供一年期 300 万元担保，并实施严格的后期监管。因此从指标得分来看，反担保措施指标得分也相应较低为 84.238 54 分。

但随着公司业务的开展及扩大，公司销售收入的增加，公司的财务指标会有较大提高。因此，本案例中的公司可以被认为有还款能力，整体风险可控。最终该案例中的受评企业得分 89.095，略高于同行业平均水平，表现较好，获得了一定的担保额度。

第八章
科技型中小企业融资概念展望

通过实地调研，我们发现，相对于广东、江苏等南方省份，北方很多省份科技型中小企业融资基本还是依赖于传统担保模式，甚至有些科技型中小企业因为不符合担保机构的要求而融资失败，其主要原因在于缺乏可持续性的融资渠道。在此背景下，我们通过整合政府、科技型中小企业、信托、担保机构、风险投资公司、银行之间的关系，提出一种综合融资概念模式，旨在创造出良好的营商环境，可以更好地帮助科技型中小企业融资。

第一节　科技型中小企业担保概述

科技型中小企业是创新的重要源泉，为国民经济发展做出了巨大贡献，解决了大量就业问题，因此世界上很多国家和地区都十分注重扶持中小企业。随着“科技金融”的提出，金融对科技的影响日益受到重视。但据科学技术部和国家统计局的资料，科技成果转化为商品并取得规模效益的比例仅约为10%～15%，其主要原因在于资金投资量少和缺乏可持续性融资渠道。

由于中小企业本身信息不透明，财务报表等“硬信息”不真实，出现融资困难，科技型中小企业亦是如此，而且其无形资产认可度低，有形资产由于专用性强，抵押价值低。要解决该问题，关键是获得关于企业的“软信息”(Stein，2002)，才能克服信息不对称问题。担保机构在传统业务的创新，一定程度上解决了上述问题。在走访了北京市、吉林省、天津市、河北省、山东省、广东省、深圳市、上海市等省市后，我们发现，广州市、深圳市两地在科技型中小企业融资方面无论是政府还是银行、担保机构、风险投资公司、信托机构，都探索出了很多创新的模式，如担保换期权(或股权)、互助基金、集合证券融资、投融资一体的担保模式等，有效地解决了一部分科技型中小企业的融资问题。而反观其他几个北方省市，多数担保机构的业务还局限于传统担保模式，以至于一部分科技型中小企业融资失败。

究其原因，除去广、深两地此类企业较之北方更为密集外，主要还是我国的商业环境整体有待提高，这比单纯地为科技型中小企业提供诸多有利政策更重要(Beck et al.，2008)。基于此，我们提出应将政府、中小企业、信托、担保机构、风险投资公司、银行之间的资源整合，通过政府培育金融市场，把资源汇集到具有成长潜力的科技型中小企业(King and Levine，1993)。本章先对调研结果进行评述，然后总结在传统担保模式基础上发展起来的各种新型模式，接着提出科技型中小企业融资的融资概念模型，最后总结并展望。

第二节　中国担保行业的现状与分析

本次调研从 2013 年 7 月至 2014 年 12 月，共进行二十余次访谈，参与调查的人员包括张维教授课题组教授、EMBA(executive master of business administration，即高级管理人员工商管理硕士)、MBA(master of business administration，即工商管理硕士，包括已毕业和未毕业的)和博士生、硕士研究生，调查地域覆盖了北京、天津、河北、吉林、山东、广东等地，访谈对象包括各担保公司负责人、银行相关业务负责人，深入了解各个省份担保、银行、科技型中小企业担保的情况，收集了近百个担保案例。下面我们将评述所了解到的情况。

1. 担保业务综述

总结各个担保机构的案例，各地担保公司开展的担保一般业务模式如图 8.1 所示。

当企业提出申请，担保公司一般先审核其财务状况，主要依据是银行流水，而不是其财务报表。然后进行实地调查，包括其厂房、设备、经营情况等，以确定是否符合担保的机构标准。其中很重要的一点就是看企业是否有足值的抵押物，而且抵押物必须是容易变现的。

内部评审包括企业状况分析、风控调查、上会评审、项目决策等。担保机构在保后风险控制中，定期(如每月或每季度)实地调查，及时发现风险点，及时控制，这是非常重要的环节。

知识产权和个人保证是最为重要的质押物。科技型企业的负责人大多是专家型领导，有自己的核心技术，道德风险很小，不会轻易地违约。其专业背景和行业的从业经历是担保公司考核的重要标准，这需要企业负责人提供专利和个人保证，并不需要个人资产的质押。

无形资产产权抵押目前不成熟，考虑风险控制的问题，银行业对其接受程度

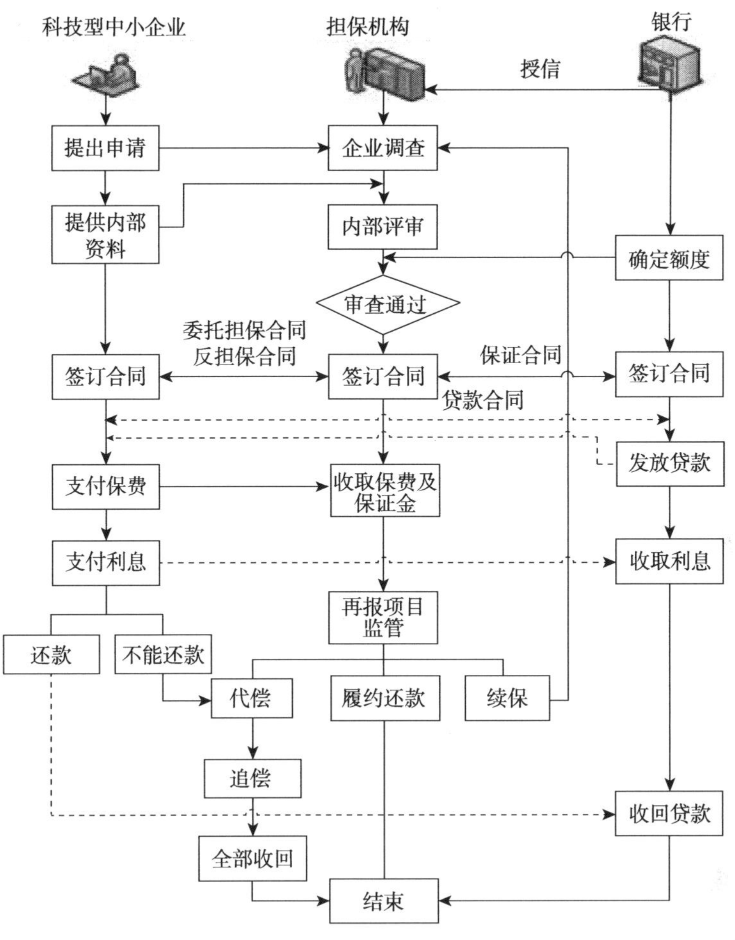

图 8.1　担保一般业务模式

低。虽然对于科技型企业最重要的是无形资产，但是有些企业考虑保密和被复制的原因，核心技术不愿意申请专利，这样就导致中小企业的专利很难定价。知识产权作为科技型企业的核心部分，往往因为很难判断而失去银行的青睐。

目前股权定价机制比知识产权的定价更健全。如果股权不能货币化，那么银行的股权质押价格就很难评定，有了新三板市场或者股权交易中心，股权定价就相对容易，于是银行开始接受股权质押。除非是上市公司，股权质押更多的增加企业负责人的违约成本。从 2011 年开始股权质押可以作为一定的担保抵押方式开始普遍实行。相对而言，银行对股权抵押更认可一些，担保公司则更认可关联担保或者按比例反担保。

股权不能直接用于质押，其原因是：只有两种股权是有变现价值的，一是上市公司非公开发行的股权，二是实际上是地权的股权，即公司就是为持有某一块土地而建立的。股权作抵押一般要求全额质押，如果企业不能质押，要求两个自然人全部质押，至少是某一控股股东提供全部质押。

担保费用一般不超过基准利率的 50%，为 2%～3%，政策性担保公司为 1.5%，有些民营担保公司担保费会到 7%～12%。通过严格的内部评审与保后风险控制，使有些担保机构的代偿率为 0.36%，而全国的平均代偿率为 1.54%。就目前的环境而言，纯粹做担保业务很难盈利。即使一笔业务出现问题会也给公司带来很大影响，纵然有反担保措施可以收回一笔款项，但是收回款项需要的时间较长。例如，担保公司给中小企业融资 500 万元，如果企业不能偿还款项，担保公司需要一到两年后才能通过反担保协议收回部分款项，但要担保公司一次性投入 500 万元处理一笔业务会给担保公司带来一定的负担。

2. 担保案例整体分析

我们从中挑选出部分科技型中小企业担保案例，如表 8.1 所示。

表 8.1　部分科技型中小企业案例

序号	案例名称	序号	案例名称
1	广州××钢材有限公司	16	北京××××科技发展有限公司
2	广州××金属制品有限公司	17	北京市××计算机有限公司
3	惠州市×××电子机械有限公司	18	北京××××科技有限公司
4	天津×××化工有限公司	19	北京××水道设备有限公司
5	天津×× 物流装备有限公司	20	北京××××科技有限公司
6	天津××细胞基因工程有限公司	21	北京××××计算机系统技术有限公司
7	天津××种业科技有限公司	22	北京××××化工有限公司
8	天津××环保设备有限公司	23	北京××机电技术有限公司
9	天津市××牧业有限公司	24	北京××××信息技术有限公司
10	深圳市××科技有限公司	25	北京××表面技术有限公司
11	深圳市××光电科技有限公司	26	北京××××电子技术有限责任公司
12	河北××生物制品有限公司	27	北京××草业科技发展中心
13	河北××工贸集团有限公司(涂料)	28	北京×××生物科技有限公司
14	新疆××水泥有限公司	29	武汉××汽车电控系统有限公司
15	枣庄××汽车销售服务公司	30	武汉××实业有限公司(汽车 4S 店)

通过表 8.1 我们可以看出如下几个特点。

(1)钢铁、水泥行业的公司只有两家，说明一些传统行业并不是担保公司的业务重点。这也和我国产能过剩，转变经济发展方式的大环境相符。以河北省为例，去年河北省就关闭了一些炼钢、水泥的高炉，以降低相关产能。

(2)覆盖的行业广泛，包括生物、机电、化工、信息技术、农牧等行业。这说明担保机构确实起到了促进中小企业发展的作用。

另外，实地调研中我们还发现如下问题。

(1)和银行合作，大多数担保公司承担全部风险，比例很低的担保费用(一般为 3%)不足以覆盖风险，如果不出现不代偿才勉强维持经营。

(2)不同机构的风险偏好不同，而且单一的某个机构很难承担高风险，因此即使有一些比较好的项目，因为某些标准不能通过担保机构严格的标准而融资失败。

(3)担保业有明显的地域性。例如，我们看到以上提到的各种创新担保模式基本出现在广东、江苏等南方省份，而北方省份基本还是在做传统的担保业务。而且各个省市从事的业务重点不同，如北京主要面对科技型中小企业，而吉林主要面向农贸性企业。

(4)不同地域的担保机构交流较少，基本上都是各自负责本地区业务，没有相关的行业指导等信息。很多担保机构对信息化充满兴趣，但是现在大多数还在处于转型和学习的阶段，也正在摸索开辟信息化的道路，所以并没有成型的信息化发展方案。

(5)融资性担保公司需要在金融办注册，我国的金融法规规定担保额不超过注册资本的 10 倍。大多数有国有背景或者享受财政补贴的担保机构能够正常运营或者盈利，部分民营担保公司没有金融服务(工作)办公室的牌照，而且在超负荷运行，从事民间融资、过桥等灰色地带业务，导致中国银行、中国农业银行等保守的银行不接受民营担保公司的担保。

总体来说，北方和南方科技型中小企业融资状况差异很大。南方是银行主动给企业贷款，北方是企业寻求银行贷款。北方的一些好项目借不到钱，而南方的资金贷不出去。南方的企业准入门槛比较低，更需要担保公司的参与，担保公司也更为活跃。

第三节　科技型中小企业融资担保模式分析

就中小企业担保而言，在一般担保业务模式的基础上，浙江、广东等省份很早就创造出新的中小企业模式，使担保业务前进了一大步。

1. 桥隧模式

桥隧模式是在银行、企业和担保机构的基础上引入第四方(如风险投资机构或行业上下游企业)(图 8.2)。第四方事前以某种方式承诺，当企业发生财务危机而无法按时偿付银行贷款时，只要满足一定的条件，由第四方来购买企业股权，为企业注入现金流(韩瑞芸，2007)。

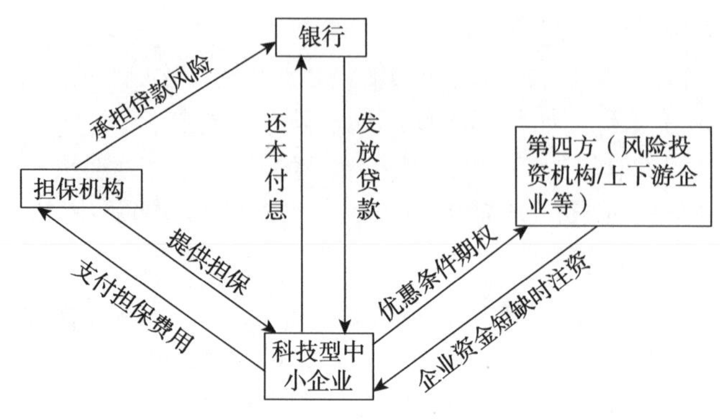

图 8.2　桥隧模式示意图

桥隧模式使企业在出现违约时，减小了企业破产清算的可能性，给了企业渡过难关的第二次机会，消除了担保费用与担保机构所承担的风险不匹配的问题，但将风险部分转移到第四方。

桥隧模式主要适用于远期价值尚未被挖掘或商业模式尚未被验证的中小企业，既兼顾了高成长型企业的融资偏好，又为风险投资机构预留了接入点，故可能创建一个四方共赢的格局(晏露蓉等，2007)。

2. 路衢模式

路衢模式是对桥隧模式的深化，依托信托平台，引入政府财政资金、银行理财资金及风险投资资金等多种资金来源，发挥各类金融要素的协同效应，进一步优化产品结构和风险分担机制。将传统担保贷款的单一风险细分为优先、次级和劣后受益人的交易结构，由不同风险偏好者逐级分担风险，并根据区域经济和产业经济的特点将有资金需求的企业组成企业池，实行批量化操作，实现担保的规模化经营(殷志军等，2011)，其模式如图 8.3 所示。

这种模式将科技型中小企业打包，将风险分散化；扩展了融资的来源，通过制度设计满足不同投资者的投资偏好，大幅降低了担保机构的风险。目前我国已经实现多笔该类型业务，如表 8.2 所示。

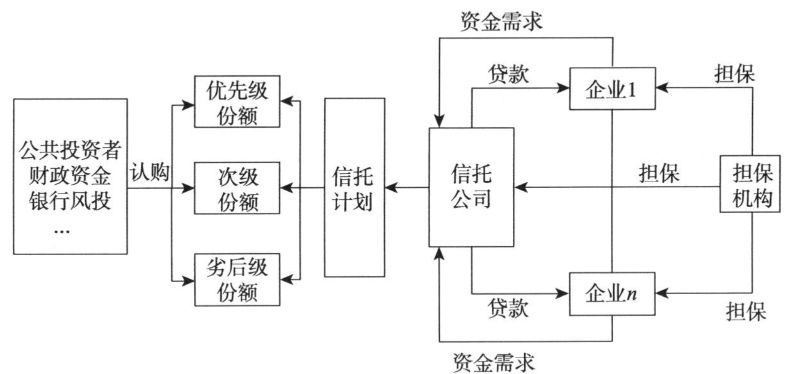

图 8.3　路衢模式示意图

表 8.2　部分国内路衢模式统计表

序号	名称	时间	区域	规模	期限
1	平湖秋月	2008 年 9 月	浙江	5 000 万元	2 年
2	宝石流霞	2009 年 2 月	浙江	6 000 万元	1 年
3	萧山区中小企业债券基金	2009 年 6 月	浙江	6 亿元	1 年
4	美丽洲	2009 年 6 月	浙江	5 000 万元	1 年
5	三潭印月	2009 年 7 月	浙江	1.44 亿元	1 年
6	钱江时代	2009 年 8 月	浙江	5 000 万元	1 年
7	满陇桂雨	2009 年 10 月	浙江	1 亿元	2 年
8	创智天地 1 号	2009 年 10 月	上海	5 000 万元	2 年
9	涌金池计划	2009 年 11 月	浙江	7 000 万元	1 年
10	富春桃源	2009 年 12 月	浙江	5 000 万元	1 年
11	太湖之星	2010 年 3 月	浙江	3 000 万元	18 个月
12	南湖烟雨	2011 年 6 月	浙江	3 130 万元	1 年
13	中关村知识产权融资集合资金信托计划	2011 年 4 月	北京	2 000 万元	1 年

资料来源：各类信托说明书

3. 担保换期权模式

由于科技型中小企业的价值和成长性在长期内才能体现出来，而一般担保业务趋向于短期，因此需要在担保业务上做一些变通。担保合约实质上是一份看跌期权，于是出现了担保换期权模式，如 2000 年深圳市高新技术产业投资服务有限公司与深圳迈迪特公司的业务(郑小兰，2002)(图 8.4)。

担保换期权模式把信用担保与风险投资业务结合起来，在为具有高成长性的

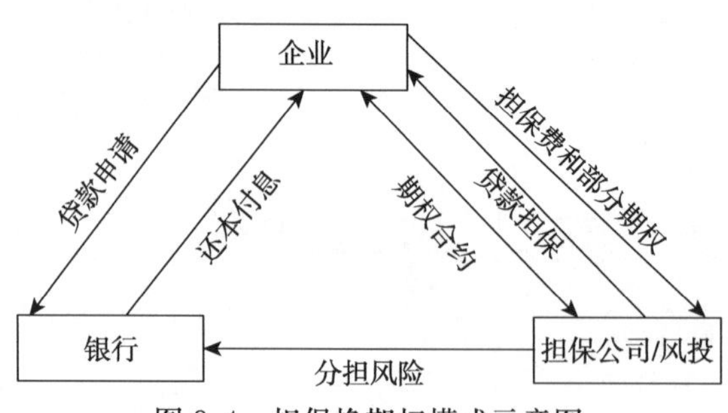

图 8.4 担保换期权模式示意图

科技型中小企业提供信用担保的同时，还要取得被担保企业总股本的 2%～3% 的期权，期权的有效期一般为 5 年，期权的价格根据被担保企业的净资产担保额、企业的成长性和抗风险能力等因素确定(何广怀，2004)。

同桥隧模式类似，担保公司承担了风险投资公司的角色，从而很好地克服了担保公司的收益不能覆盖其承担的巨大风险的问题。

而关于担保换期权中相关的问题，相关理论已有很多。在适当的期权价格范围内，随着担保换期权数量的增加，担保机构获得的期权收益增加，这样就使担保公司为高风险企业提供担保更有利，担保机构更愿意为具有高风险的高新技术中小企业提供担保(杨兆廷和李吉栋，2008)。而担保定价问题，可供参考的文献也很多，如运用 Black-Scholes 的期权定价模型确定担保收费(林昆辉等，2000)，VaR 风险定量模型(陈晓红等，2005)，两阶段担保模型(陈富权和沈思玮，2004)，基于连续时间金融的二元等价鞅测度变换的期权定价方法(许友传和杨继光，2008)等。当然，根据实际情况由高新技术企业、风险投资公司和担保公司三方协商确定合理的执行价格和上、下障碍值是正确评价风险投资担保价值的前提(高峰，2012)。

4. 互助基金模式

对于某一行业建立一个互助基金，每个参与企业交一部分费用，集合出来的产业基金为贷款企业提供保证(图 8.5)。例如，每家企业交 3%的费用，每家交 3 万，十家企业的互助基金可达到 30 万，每家可以融资 100 万左右。在给一些行会、商会，或者政府牵头的一些商会中的企业融资时，如果出险，基金优先受偿。

在互助基金方面比较成功的中国建设银行，曾做过深圳市总商会牵头的互保基金，该基金涉及的企业规模比较大，中国建设银行深圳分行帮助他们发掘了一些资质比较好的客户。之后该项目得到了政府的大力支持，深圳市财政部门承诺，如果出现风险，愿意承担一半或者赔付，至今还没有出现过需要政府赔付的情况。这种专业合作社(行业协会)在协调生产关系的同时提供融资服务，担保行

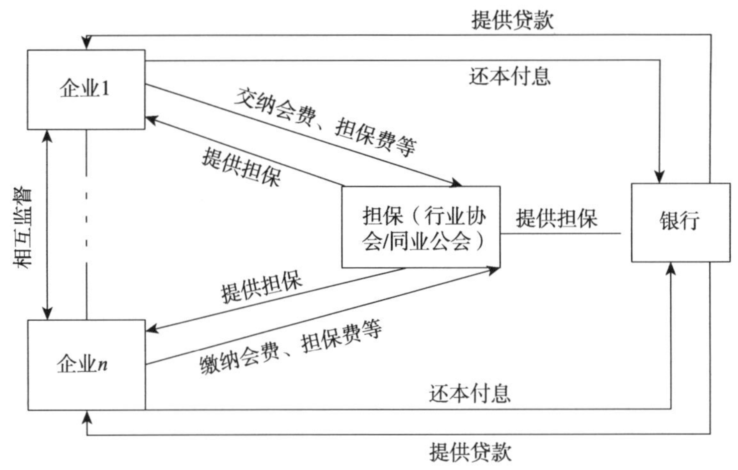

图 8.5　互助联保示意图

为与实体企业是合二为一的(彭江波，2008)。

协会成立之前，会对会员进行审查。这种自我选择机制可降低逆向选择，社会约束机制有助于减少信贷损失(邹高峰和熊熊，2009)。行业协会的建立，有助于协会内中小企业间的相互学习和影响(熊熊等，2013)，使协会内部信息对称程度很高。即使出现不对称情形，其风险也可以通过外部经济的内部化实现对冲。互助联保组织具有将信息不对称风险内部化和低成本、稳定运作的比较优势(彭江波，2008)。

5. 担保机构抱团增信模式

抱团增信，即将多个担保公司的信用整合起来，在政府和行业协会形成的平台上，“抱团”组成一个共同的担保体系，提升信用能力(孙莹和郑波，2012)，如图 8.6 所示。

担保机构通过抱团，可以有效提升担保机构的规模，尤其是我国现在存在大量民营担保机构，而小型担保机构居多的形势下，同时该模式提高了担保机构的信用等级；众多担保机构同时参与，有效地分散了各个担保机构承担的风险；另外，担保机构之间相互监督，大大减少了民营机构的不规范业务甚至违法行为。

6. 集合证券方式

这是一种银行出资，担保公司担保的模式。该模式是担保公司通过与银行洽谈发行集合证券，不需要通过银行的贷款流程，而是通过前台股权交易中心的债券流程，作为银行的表外资产，使用银行理财金买入担保公司的全部债券。

但开展集合证券业务对担保公司的要求极高，其注册资本必须在 3 亿元以上。并且银行使用理财金买入债券，如到期出现风险，由证券公司出钱赎回。由此可见，担保公司所要承担的风险极高。在深圳市只有一些中小担保公司和“高

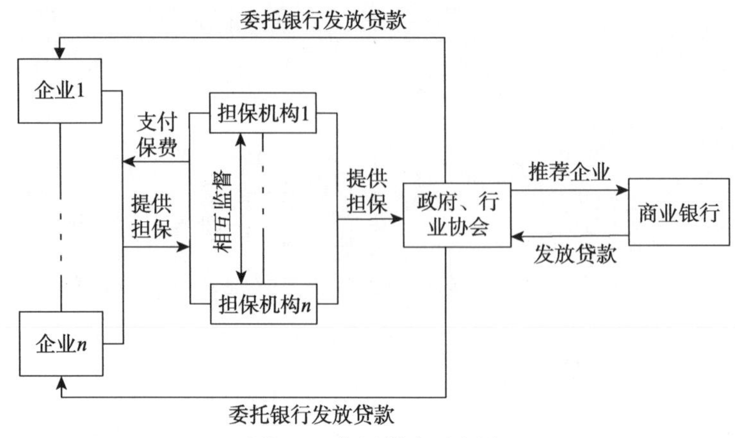

图 8.6　抱团模式示意图

新投"可以与银行协议承担 90%或 80%的风险，银行分担剩余的风险；其他担保公司签订再担保协议后，所承担的实际风险也是 100%，而银行不承担任何风险。集合债的发行会越来越少，将会转为私募债和公司债。其中，私募债的融资成本较高，公司债对发行公司的规模有很高要求。

另外还有投融资一体的担保模式，这是一种信用对价、债转股的概念。但是目前的二级市场很萧条，所以深圳市担保公司很少做这一模式的担保业务。深圳市的前海股权交易中心所采取的正是这样的模式，但是该中心现在面临最大的问题是形式重于实质，在该中心挂牌的企业大多质量较低，担保公司所要承担的风险很大。

第四节　科技型中小企业融资概念模型

以上几种典型模式为科技型中小企业融资开创了新的途径，但是主要集中在浙江、广东、深圳等南方省市，北方很多省份还是以一般担保业务为主。究其原因，我们认为北方省份政府、中小企业、信托机构、担保机构、风险投资公司、银行之间的资源还没有得到有效整合，而南、北方交流、合作也不多，我们希望通过以下模式能够在这些方面有所突破(图 8.7)。

本模式说明内容如下。

(1)政府的作用包括：①为担保机构提供财政支持；②与各个机构合作，创新会计制度，促进科技型中小企业财务透明化；③与各个机构合作，收集企业数据，建立科技型中小企业征信制度；④制定相关法律(如税收、企业破产等)，设计担保公司准入制度；⑤定期发布指导性意见，引导成立科技保险公司等。

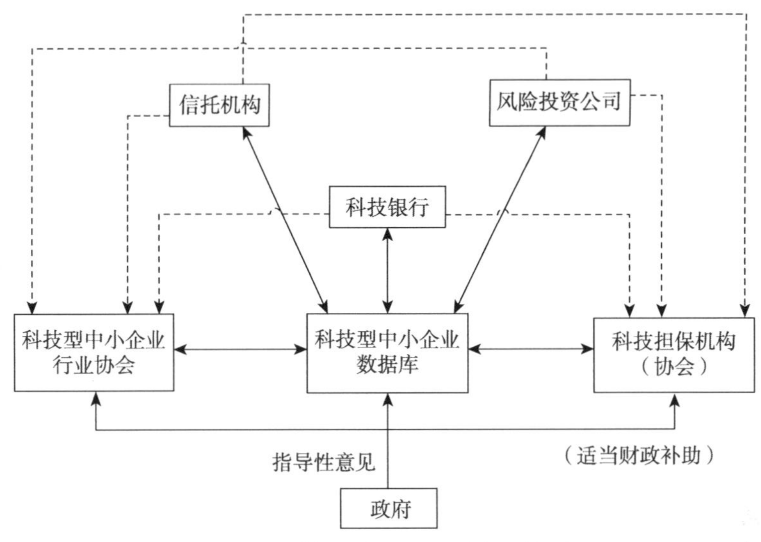

图 8.7　科技型中小企业融资网络图

(2)科技型中小企业行业协会不局限于某一行业和某一地域。其作用包括：①有助于科技型中小企业之间相互学习和相互监督，减少监管成本；②在处理与政府、企业、银行、信托机构、风险投资公司的关系时，具有很强的信息优势，还可推荐某一个或某一类型企业采取何种融资措施；③行业协会自身还可以采取对会员担保的模式。

(3)担保行业协会既包含某一地域的担保协会(如以省为单位)，也包括全国性或者跨几个地域的行业协会。其作用包括：①有利于各个担保机构之间相互学习，能促进其相互监督，减少一些担保机构放贷的非法业务；②定期发布担保行业的发展状况，统一指导意见。

(4)信托机构、风险投资公司可以通过行业协会寻找有投资价值的公司，既可以和担保公司合作，共同寻找盈利点，也可以独立完成科技型中小企业融资业务。

(5)科技型中小企业数据库是由政府主导，与行业协会、银行、风险投资公司、信托机构共同建立的统一的信息平台，能够实现信息共享。

该模式可以分为两个主体，即政府主体和市场主体。政府主体主要通过科技规划、政策性补贴等促进科技型中小企业发展，注重财政投入产出效率和可持续性；以信托机构、银行、风险投资公司为代表的市场主体则注重利益最大化，选择最优投资项目(王宏起和徐玉莲，2012)。通过建立全国性的同一平台，推动信息化建设，使各个参与方能够获得对方的真实信息，实现全国范围内信息共享。两个主体共同建设信用体系，促使科技型中小企业规范经营，提高企业违约成本，降低不良贷款率。

该模型设计中，最大的亮点在于为科技型中小企业提供更多的融资模式。我们在图 8.7 中可以看到，各个参与方实际上构成了一个网状结构；对于每一个参与主体，至少有三个获得信息的途径，包涵金融产业链的早期、初期及成长期，能够为处于不同发展阶段的科技型中小企业提供不同的融资模式。这种模式为政府、中小企业、信托、担保机构、风险投资公司、银行之间的合作搭建了一个巨大的平台，通过他们之间的信息共享，可以将不同地域、不同行业的科技型中小企业联合起来，不但之前所述五种融资模式可以实现，使科技型中小企业融资更加灵活，还为进一步创新科技型中小企业的融资手段打下了基础，从而不仅为科技型中小企业，也为所有企业提供了一种良好的商业环境。

第五节　担保模式的发展与展望

借鉴 Berger 和 Udell(2006)提出的实现中小企业融资可得性模型的框架，我们将已有的中小企业创新融资方式联系起来，在信息环境、法律环境、社会环境、监管环境四个方面，构建一个科技型中小企业融资概念模型。借鉴以美英为代表的资本市场主导型科技金融模式、以德日为代表的银行主导型科技金融模式、以中国台湾为代表的社会主导型科技金融模式，该网络的建设还要依赖于政府的推动，尤其是政府在法律和金融系统的改革(Beck et al.，2008)。

然而，检验各种科技型中小企业融资困难的理论及评价政府政策很困难(Berger and Udell，2006)，所以这里只是提出一种概念模型，实际当中有很多难以解决的困难，如放大倍数如何设定，信托机构开始出现违约怎么处理等。但是我们相信，随着各方面不断探索，科技型中小企业的融资问题会不断有新的突破。

参考文献

陈富权，沈思玮．2004. 信用担保的两阶段定价模型．系统工程理论方法应用，2：127-130

陈冠华，陈燕锋．2006. 美国信托担保制度之借鉴效益．河北理工大学学报(社会科学版)，6：98-100

陈晓红．2005. 基于 VaR 模型的信用担保定价方法．系统工程，9：108-110

陈晓红，顾海峰．2007. 基于债务展期的担保风险定价理论及其应用．管理评论，5：15-20

陈晓红，韩文强，佘坚．2005. 基于 VaR 模型的信用担保定价方法．系统工程，9：112-114

陈元燮．2000. 建立信用评级指标体系的几个理论问题．财经问题研究，8：3-8

程守红，周润书．2013. 知识产权质押融资中的政策工具及模式研究．华东经济管理，(2)：159-166

丁武鹏．2011. 发挥科技担保对科技型中小企业融资的撬动作用．金融纵横，9：68

董辅礽．2003. 关于信用和信用体系．中南大学学报(社会科学版)，2：204-208

房汉廷．2010. 关于科技金融理论、实践与政策的思考．中国科技论坛，11：6

冯雪琰．2006. 中小企业信用评级方法改进初探．会计之友，(05Z)：57-60

付雯潇，汪海粟．2011. 基于信贷配给理论的无形资产质押制约因素研究．中南财经政法大学学报，(5)：90-94

高峰．2012. 高新技术企业风险投资担保的双障碍期权价值研究．科技进步与对策，24：119-122

高立军．2011. 基于 VaR 模型的中小企业信用担保风险定价．浙江金融，3：76-77

顾海峰，奚君羊．2008. 基于金融期权视角的信用担保费率厘定问题——来自理论与实证方面的首次探讨．山西财经大学学报，30(11)：66-72

郭民生．1996. 技术资产评估方法・参数・实务．北京：中国物资出版社

韩国薇．2010. 浅谈我国中小企业信用担保产品定价方法的选择．吉林省教育学院学报，3：18-19

韩瑞芸．2007-01-17. 谋求融资正途　浙江贷款担保引入桥隧模式．网易财经，money. 163：com/07/0117/11/351KL08T002510GL. html

韩玉梅．2014. 浅析反担保．法学研究，3：19-20

何广怀．2004-06-19. 担保换期权——深圳开辟中小科技企业融资的新渠道．新华网，http://www. gd. xinhuanet. com/newscenter/2004-06/19/content _ 2343159. htm

胡苏迪，蒋伏心．2012. 科技金融理论研究的进展及其政策含义．科技与经济，3：61-65

胡新丽，吴开松．2014. 光谷与硅谷：科技金融模式创新借鉴及路径选择．科技进步与对策，5：15-18

胡义芳．2012. 武汉市科技与金融结合中的政府作用研究．科技视界，30：10-11

黄永强．2000. 试论反担保．江西公安专科学校学报，(1)：24-26

纪建悦，郅岳．2012. 我国商业银行对科技型中小企业融资支持的金融创新研究．农村金融研究，3：53-55

莱昂 P，Vento G A. 2013. 信用担保机构与中小企业融资．游春译．北京：中国金融出版社

雷舰．2013. 基于生命周期的浙江省高科技企业融资路径研究．浙江金融，6：52-55
李富有，梁俊茹．2009. 创业周期、资本需求与民营科技企业效率改善．改革，3：95-101.
李俊，张炜，王光．2012. 德国担保银行业的发展及启示．国际金融，3：65-66
李开翠．2013. 我国担保公司反担保研究．安徽行政学院学报，(18)：120-124
李文江．2010. 论品牌优势企业商标权质押贷款制度．科技法律，(6)：31-35
李霞，林宪民．1998. 论反担保及其方式．当代法学，3：34-36
李心丹，束兰根．2013. 科技金融——理论与实践．南京：南京大学出版社
李艳锦．2010. VaR 模型项下的信用担保风险管理研究．河南工业大学学报(社会科学版)，6：76-78，89
林昆辉．2000. 担保费的期权定价模型设计及实证研究．中南工业大学学报，12：265-267
林昆辉，金玲，陈晓红．2000. 担保费的期权定价模型设计及实证研究．中南工业大学学报(社会科学版)，4：265-267
刘保玉．1997. 反担保初探．法律科学，(77)：42-48
刘斌，曹夏生．1992. 担保抵押贷款存在的问题及对策．工作研究：61-62
刘社芳．2012. 美国担保行业发展对我国中小企业的启示．西南金融，8：48-50
刘怡雯．2008. 信用担保两阶段定价方法探析与模型构建．金融理论与实践，(11)：87-90
刘志荣．2009. 我国中小企业融资担保问题研究综述．金融教学与研究，1：28-30
陆晓冬．2012. 科技型中小企业生命周期各阶段筹资风险控制策略研究．安徽大学硕士学位论文
马秋君，邢菲菲．2011. 北京市科技担保问题研究．科学管理研究，12：109-110
马晓斐．2013. 股权质押制度研究．烟台大学硕士学位论文
梅良勇，谢梦．2010. 基于模糊数学的无形资产质押评估方法及应用．湖北大学学报(自然科学版)，(1)：23-26
彭超平，梅强．2008. 中日中小企业信用担保体系比较及借鉴．当代经济，17：137-139
彭江波．2008. 以互助联保为基础构建中小企业信用担保体系．金融研究，2：75-82
彭彤，孙宝民．2005. 简论权利质押．黑龙江社会科学，(2)：45
亓海峰．2011. 基于 Credit Metrics 模型的中小企业信用担保动态定价研究．河北工程大学硕士学位论文
钱野，徐土松，周恺秉．2012. 基于政府支持的科技担保缓解科技型初创企业融资难问题的研究．中国科技论坛，2：59-62
秦汉锋，黄国平．2001. 科技型中小企业融资问题探讨．金融论坛，7：38-42
日本三菱日联信托银行．2010. 信托法务与实务．张军建译．北京：中国财经经济出版社
孙莹，郑波．2012.“抱团增信”中小企业贷款模式研究——以浙江为例．上海金融，12：111-113，123
唐雯，陈爱祖，饶倩．2011. 以科技金融创新破解科技型中小企业融资困境．科技管理研究，7：1-5
唐五湘，饶彩霞，程桂芝．2013. 北京市科技金融政策文本量化分析．科技进步与对策，9：56-61

唐义虎．2005. 论信托型担保．云南大学学报法学版，18(5)：72-75

王宏起，徐玉莲．2012. 科技创新与科技金融协同度模型及其应用研究．中国软科学，6：129-138

王静，李微．2014. 天津市科技型中小企业生命周期与融资选择研究．华北金融，6：29-31

王磊．2009. 我国无形资产质押融资的可行性及存在问题研究．经济界，(3)：69-73

王渊．2012. 温州科技金融结合的现状及发展建议．时代金融，3：132-133

文海兴，罗晓强．2012. 德国担保业监管及启示．中国金融，12：67-68

文豪，陈蕾．2010. 无形资产质押贷款业务操作的分析．中国资产评估，(6)：35-37

吴敬琏．2004. 国家信用管理体系．北京：社会科学文献出版社

吴军，魏果望．2014."新三板"企业股权质押的定价和应用．价格理论与实践，2：98-100

夏太寿，褚保金．2011. 科技金融创新与发展．南京：东南大学出版社

夏阳，顾新．2012. 科技型中小企业知识产权投融资过程中对知识产权估价的方法研究．科学管理研究，(5)：113-116

肖泽磊，韩顺法，易志高．2011. 我国科技金融创新体系的构建及实证研究——以武汉市为例．科技进步与对策，9：6-11

熊熊，姚传伟，张永杰．2013. 中小企业联合担保贷款的计算实验金融分析．管理科学学报，3：88-94

徐敏，蒋学杰，谭睿昊．2013. 科技金融的形成机理及发展路径探析．长春师范学院学报(人文社会科学版)，1：19-22

许友传，杨继光．2008. 基于第三方提供反担保的信用担保期权定价．上海交通大学学报，9：1566-1569

胥清，杨蓓．2011. 反担保的局限性与担保业经营的难点．绵阳师范学院学报，30(9)：20-23

晏露蓉，赖永文，张斌，等．2007. 创建合理高效的中小企业融资担保体系研究．金融研究，(10)：152-165

杨明，韩靖．2006. 期权理论在中小企业信用担保体系中定价的研究．华中科技大学学报(自然科学版)，3：118-121

杨胜刚，胡海波．2006. 不对称信息下的中小企业信用担保问题研究，1：118-126

杨兆廷，李吉栋．2008."担保换期权"与高新技术中小企业融资．管理世界，10：167-168，179

殷志军，金雪军，陈姝．2011. 信用担保机构运行的模式创新与转化效应研究．浙江学刊，1：160-168

游春，胡才龙．2011. 关于对完善我国科技型中小企业融资担保体系的思考．浙江金融，12：34-37

游达明，朱桂菊．2011. 区域性科技金融服务平台构建及运行模式研究．中国科技论坛，1：40-46

张捷．2002. 中小企业的关系型借贷与银行组织结构．经济研究，6：32-37

张亚兵，王淑珍，石会娟．2006. 日本中小企业信用担保体系对我国的启示．商业时代，2：45，54

张援 . 2001. 论我国担保业中的反担保 . 化工技术经济，6：44-46
赵昌文，陈春发，唐英凯 . 2009. 科技金融 . 北京：科学出版社
郑小兰 . 2002-10-13. 深圳高新投国内首创"担保换期权". 证券时报
中国资产评估协会 . 2013. 中国资产评估准则 2013. 北京：中国财政经济出版社
钟田丽，尉玉芬 . 2008 . 基于相对 VaR 的信用担保两期定价模型 . 运筹与管理，17(2)：142-145
周昌发 . 2011. 科技金融发展的保障机制 . 中国软科学，3：72-81
周润书，曹时礼 . 2012. 东莞市知识产权质押融资研究 . 企业经济，(3)：168-174
周小明 . 1996. 信托制度比较法研究 . 北京：法律出版社
朱彤 . 2012. 中小企业信用担保产品风险研究及计算实验定价 . 天津财经大学硕士学位论文
朱永明，许锦锦 . 2014. 基于 VaR 风险价值的中小企业担保机构评级体系构建 . 财会通讯，1：39-40
邹高峰，熊熊 . 2009. 试论以互助担保为基础的中小企业信用担保体系之重建 . 现代财经—天津财经大学学报，6：35-39
邹小芃，余君，钱英 . 2005. 企业信用评估指标体系与评价方法研究 . 数理统计与管理，24：37-44.
Angelini P，Salvo R D，Ferri G. 1998. Availability and cost for small businesses：customer relationship and credit cooperatives. Journal of Banking and Finance，22：925-954
Anson W，Noble D，Samala J. 2014. IP valuation：what methods are used to value intellectual property and intangible assets? The Licensing Journal，34(2)：1-5
Beck T，Demirguc-Kunt A. 2006. Small and medium-size enterprises：access to finance as a growth constraint. Journal of Banking & Finance，30(11)：2931-2943
Beck T，Demirguç-Kunt A，Maksimovic V. 2008. Financing patterns around the world：are small firms different? Journal of Financial Economics，89(3)：467-487
Berger A N，Udell G F. 1995. Relationship lending and lines of credit in small firm finance. Journal of Business，68：351-382
Berger A N，Udell G F. 2006. A more complete conceptual framework for SME finance. Journal of Banking & Finance，30(11)：2945-2966
Black F，Scholes M. 1973. The pricing of options and corporate liabilities. Journal of Political Economy. 81(3)：637-654
Chan Y S，Kanatas G. 1985. Asymmetric valuations and the role of collateral in loan agreements. Journal of Money，Credit and Banking，17(1)：84-95
Jarboe K P，Furrow R. 2008. Intangible Asset Monetization：The Promise and the Reality. Washington DC：Athena Alliance
King R G，Levine R. 1993. Finance，entrepreneurship and growth. Journal of Monetary Economics，32：513-542
Lintner J. 1965. The valuation of risk assets and the selection of risky investments in stock portfolios and capital budgets . The Review of Economics and Statistics，47(1)：13-37

Mossin J. 1966. Equilibrium in a capital asset market. Econometrica，34(4)：768-783

Sharpe W. 1964. Capital asset prices：a theory of market equilibrium. The Journal of Finance，19(3)：425-442

Stein J C. 2002. Information production and capital allocation：decentralized versus hierarchical firms. The Journal of Finance，57(5)：1891-1921

后　　记

作为国家科技支撑计划子课题的一部分，本书从 2012 年 2 月至 2014 年 12 月，通过在北京、吉林、天津、河北、山东、广东、上海等地广泛调研，获得大量一手资料，然后开始策划、约稿、组稿、汇编、校对等环节，历经两年左右，终于成书。作为第一本关注科技型中小企业担保问题的专著，我们真诚希望能给业界与学界同仁提供一点有益的提示。

回顾成书历程，我们要特别感谢给予大力支持和协助的相关单位，包括但不限于天津科融担保有限公司、天津泰达中小企业信用担保中心、天津市金融投资商会、邯郸远洋实业集团担保有限公司、吉林省信用担保投资有限公司、长春市中小企业信用担保有限公司、日照市信用担保有限公司、枣庄市担保有限公司、力合担保公司、立信担保公司、深圳市中小企业信用融资担保集团有限公司、金融联担保公司、银达担保公司、天恒担保有限公司、上海浦东发展银行长春分行、中国银行邯郸支行、中国银行深圳黄阁路支行、南粤银行、平安银行等。他们提供了大量的资料，并以其专业眼光和实践经验对研究成果提出修改意见，对本次调研成果的获得贡献了巨大力量。

同时，感谢科学出版社的马跃编辑一直以来对张维教授课题组所给予的大力支持，本书的出版离不开他的帮助。

最后，感谢所有张维教授课题组在此方向上进行研究的老师和同学们，包括张维教授、何枫博士、赵汝为博士，以及安福绪、崔同宇、孙雅雯、夏国彬、徐晓凡、岳冰心、李胜男、刘婷婷等硕士生同学，还有 EMBA 学生中国光大银行天津杭州道支行王永辉行长。以上所有人分别在调研、搜集案例，本书内容研究、文字修订工作过程中投入了巨大精力，做出了突出贡献。

熊熊　邹高峰　张小涛

2015 年 6 月 10 日于天津大学